RÜCKWIRKENDE EIFERSUCHT

Leitfaden zur Umwandlung Ihres Schmerzes in Macht und zur Bewältigung der Vergangenheit Ihres Partners

RYDER WINCHESTER

© Copyright 2020 - Alle Rechte vorbehalten.

Der in diesem Buch enthaltene Inhalt darf ohne direkte schriftliche Genehmigung des Autors oder Herausgebers nicht reproduziert, vervielfältigt oder übertragen werden.

Unter keinen Umständen wird dem Verlag oder Autor die Schuld oder rechtliche Verantwortung für Schäden, Wiedergutmachung oder finanziellen Verlust aufgrund der in diesem Buch enthaltenen Informationen direkt oder indirekt übertragen.

Rechtliche Hinweise:

Dieses Buch ist urheberrechtlich geschützt und nur für den persönlichen Gebrauch bestimmt. Ohne die Zustimmung des Autors oder Herausgebers können Sie keinen Teil oder Inhalt dieses Buches ändern, verbreiten, verkaufen, verwenden, zitieren oder umschreiben.

Haftungsausschluss:

Bitte beachten Sie, dass die in diesem Dokument enthaltenen Informationen nur zu Bildungs- und Unterhaltungszwecken dienen. Es wurden alle Anstrengungen unternommen, um genaue, aktuelle, zuverlässige und vollständige Informationen zu liefern. Es werden keine Garantien jeglicher Art erklärt oder impliziert.

Die Leser erkennen an, dass der Autor keine rechtlichen, finanziellen, medizinischen oder professionellen Ratschläge erteilt. Der Inhalt dieses Buches stammt aus verschiedenen Quellen. Wenden Sie sich an einen lizenzierten Fachmann, bevor Sie mit den in diesem Buch beschriebenen Techniken beginnen.

Durch das Lesen dieses Dokuments stimmt der Leser zu, dass der Autor unter keinen Umständen für direkte oder indirekte Verluste verantwortlich ist, die durch die Verwendung der in diesem Dokument enthaltenen Informationen entstehen, einschließlich, aber nicht beschränkt auf Fehler, Auslassungen oder Ungenauigkeiten.

Laden Sie die Audioversion dieses Buches KOSTENLOS herunter

Dieses Buch lässt sich am besten in seinem Audioformat genießen! Wenn Sie Hörbücher gerne unterwegs hören, habe ich großartige Neuigkeiten für Sie. Sie können die Hörbuchversion dieses Buchs KOSTENLOS herunterladen, indem Sie sich für eine KOSTENLOSE 30-Tage-Testversion anmelden! Siehe unten für weitere Einzelheiten!

Vorteile

Als Kunde von Audible erhalten Sie die unten aufgeführten Vorteile mit einer 30-tägigen kostenlosen Testversion:

- Kostenloses hörbares Exemplar dieses Buchs.
- Nach dem Test erhalten Sie jeden Monat 1 Credit, den Sie für jedes Hörbuch verwenden können.
- Ihr Guthaben wird automatisch auf den nächsten Monat übertragen, wenn Sie es nicht verwenden.
- Wählen Sie aus über 400.000 Titeln.
- Hören Sie überall mit der Audible App auf mehreren Geräten.
- Einfacher und problemloser Umtausch von Hörbüchern, die Ihnen nicht gefallen.
- Behalten Sie Ihre Hörbücher für immer, auch wenn Sie Ihre Mitgliedschaft kündigen.
- Und vieles mehr.

Klicken Sie auf die Links unten, um zu beginnen:

FÜR AUDIBLE DEUTSCHLAND

bit.ly/retroactivejealousylistende

FÜR AUDIBLE US

bit.ly/retroactivejealousylisten

FÜR AUDIBLE UK

bit.ly/retroactivejealousylistenuk

Bonus!

Wäre es nicht schön, noch mehr Motivation, Inspiration und Mut auf Ihrem Weg zur Freiheit von rückwirkender Eifersucht zu haben? Als aufrichtiges "Dankeschön" aus tiefstem Herzen habe ich Ihnen unten Zugang zu einer KOSTENLOSEN kraftvollen zehnminütigen geführten Dankbarkeitsmeditation im MP3-Format gewährt. Dankbarkeit ist der Schlüssel zu all der Fülle und Freude Ihres Lebens und manifestiert einen Reichtum an Liebe und Licht. Die folgende Meditation hat mein Leben ungemein bereichert und wesentlich dazu beigetragen, mich von den Fesseln der rückwirkenden Eifersucht zu befreien. Ich weiß nur, dass sie das Gleiche für Sie tun wird.

Sind Sie der Auslöser und Schmerzen in Ihren Beziehungen überdrüssig und müde?

- Überwinden Sie negative Denkmuster ganz leicht mit der Macht der Dankbarkeit.
- Heilen Sie Ihr inneres Chaos und erfahren Sie Freiheit von rückwirkender Eifersucht.
- Bereichern Sie Ihre Beziehung, damit Sie das Leben wieder genießen können.

Klicken Sie hier für Ihre KOSTENLOSE zehnminütige geführte Meditation

bit.ly/retroactivejealousymp3

Diese Meditation hat mir ungemein geholfen, als ich das Gefühl hatte, dass die rückwirkende Eifersucht aus dem Ruder lief und mich völlig vereinnahmte. Das Ausruhen in

Dankbarkeit für die Schönheit, die ich bereits in meinem Leben hatte, klärte den Schmerz und schuf noch mehr von den gleichen wunderbaren Dingen. Ich weiß, dass diese Worte helfen werden, Sie mit Mut und Entschlossenheit in Ihre Freiheit und Ihr Schicksal zu führen!

Bitte hinterlassen Sie eine Rezension

Ich danke Ihnen von ganzem Herzen für die Lektüre meines Buchs. Ich hoffe aufrichtig, dass es Ihnen hilft, sich von rückwirkender Eifersucht zu heilen und ein erfüllteres und glücklicheres Leben zu führen. Wenn es Ihnen wirklich hilft, dann möchte ich Sie um einen Gefallen bitten. Wären Sie so freundlich, eine Rezension für dieses Buch bei Amazon zu hinterlassen? Es wäre sehr willkommen und wird wahrscheinlich das Leben anderer Betroffener von rückwirkender Eifersucht auf der ganzen Welt beeinflussen und ihnen Hoffnung und Heilung geben.

Viele leiden wie Sie und ich und wir können ihnen helfen, dies gemeinsam zu überwinden.

Ich lese JEDE Rezension, die ich erhalte und jede einzelne hilft mir, ein sachkundigerer und mitfühlenderer Autor zu werden, um Ihnen besser dienen zu können.

Vielen Dank und viel Glück!

Ryder Winchester

Inhaltsverzeichnis

Einführung 1
   Was ist rückwirkende Eifersucht?................................ 2
   Bevor wir beginnen 3
Kapitel 1: Meine Geschichte 7
Kapitel 2: Verantwortung übernehmen und sich mit den Problemen auseinandersetzen 15
Kapitel 3: Den Grund herausfinden 19
Kapitel 4: Umgang mit den Auslösern 26
Kapitel 5: Positive Handlungen und positive Süchte 33
Kapitel 6: Unsere Selbstwahrnehmung ändern 37
Kapitel 7: Glück ist mächtig 47
Kapitel 8: Großartige Lehrer finden 54
Kapitel 9: Wenn andere Ihre Eifersucht nicht verstehen 58
Kapitel 10: Räumung der Trümmer 62
Kapitel 11: Ein Leben nach der reaktiven Eifersucht 65
Verweise 71

Einführung

Wenn Sie dieses Buch lesen, dann herzlichen Glückwunsch! Sie haben entschieden, dass Sie bereit sind für Veränderungen. Sie sind bereit, stark zu werden und bereit, Ihr Leben wieder in den Griff zu bekommen. Dieses Buch ist eine völlig transparente, tiefgründige und detaillierte Darstellung meiner Reise durch retroaktive Eifersucht, von ihren verletzlichen, unschuldigen Ursprüngen bis hin zu ihrer endgültigen, epischen Überwindung. Dieses Buch ist auch ein umfassender Führer darüber, wie ich persönlich mit der heimtückischen Bestie gekämpft und sie schließlich in persönliche Stärke und Macht verwandelt habe. Auf die Gefahr hin, Sie als Leser und rückwirkenden Eifersüchtigen zu beleidigen, bringe ich Ihnen dieses Stück Wahrheit: Rückwirkende Eifersucht war eines der größten Dinge, die mir je passiert sind. Dieser Gedanke mag Ihnen in diesem Stadium unmöglich erscheinen. Vielleicht ärgert er Sie sogar. Aber wahrscheinlich werden Sie eines Tages ein tiefes Gefühl der Dankbarkeit empfinden, dass Sie durch diesen Schmerz gelitten haben, wenn Sie genug von einer positiven Veränderung erfahren haben. Die Heilung und Überwindung meiner rückwirkenden Eifersucht war eine körperliche, geistige und seelische Entwicklung. Obwohl ihr Festhalten viel Schmerz, Liebeskummer und Verzweiflung verursachte, erblühte aus dem Sieg darüber eine liebevollere, stärkere, geduldigere, nachdenklichere und zuversichtlichere Version von mir selbst. Ich wurde in der Asche der Niederlage der rückwirkenden Eifersucht wiedergeboren und breitete meine Flügel in eine hellere Zukunft aus, die ich nicht gekannt hätte, wenn ich nicht so gelitten hätte, wie ich gelitten hatte.

Was ist rückwirkende Eifersucht?

Wenn Sie dieses Buch in die Hand genommen haben, brauchen Sie wahrscheinlich keine Erklärung für rückwirkende Eifersucht. Aber eine Beschreibung ihrer Symptome und Eigenschaften durch einen Dritten kann Ihnen das Gefühl geben, weniger allein zu sein, da Sie sich wahrscheinlich in der Vergangenheit in Ihrem Schmerz isoliert gefühlt haben. Ihr Partner, Ihre Freunde und Familienmitglieder könnten durch Ihr Leiden völlig verwirrt sein und Sie weiter in Verzweiflung zurücklassen. Aber Sie sind nicht allein. Es gibt Tausende von Leidenden (und ehemaligen Leidenden) auf der ganzen Welt, die diesen Schmerz genauso empfinden wie Sie. Rückwirkende Eifersucht ist die scheinbar unkontrollierbare Besessenheit und Neugier auf die Sexual- und Beziehungsgeschichte Ihres Partners. Diese Besessenheit führt oft dazu, dass die Betroffenen in einen tranceähnlichen Angstzustand verfallen, in dem sie das Bedürfnis verspüren, alle möglichen Informationen und Details aus der Vergangenheit ihres Partners herauszuholen. Diese Versuche, Informationen zu extrahieren, können oft zu viel Drama und stürmischen Aufregungen in Beziehungen führen. Die obsessiven Gedanken, die mit rückwirkender Eifersucht verbunden sind, können mit den Symptomen einer Zwangsstörung verglichen werden. Der Verstand des Betroffenen tritt regelmäßig in Schleifen aufdringlicher schmerzhafter Gedanken ein, wobei es sich in der Regel um eine frühere Interaktion des Partners mit einem Ex-Geliebten handelt. Diese aufdringlichen

Gedanken sind meist illusorisch und werden in der Vorstellung des Betroffenen vorgetäuscht, der sich ein geistiges Bild von diesen vergangenen Begegnungen macht. Oft erwähnt der Partner des Betroffenen beiläufig ein kleines Detail und der Betroffene nimmt dieses winzige Detail und benutzt es entweder, um hinterhältig weitere Informationen von seinem Partner zu erhalten oder er benutzt es als Puzzleteil, um in seinem Kopf ein größeres imaginäres Bild davon zu erzeugen, was seiner Meinung nach in der Vergangenheit des Partners geschehen sein könnte. Diese angenommenen oder imaginierten vergangenen Ereignisse basieren in der Regel nicht auf der Realität dessen, was passiert ist. Diese aufdringlichen Gedanken und scheinbar unkontrollierbaren Handlungen werden von zutiefst schmerzhaften Emotionen begleitet und angeheizt

Bevor wir beginnen

Bevor Sie Ihren Weg der Heilung beginnen, müssen Sie einige wichtige Punkte beachten. Erstens: Um Ihre Reise zu beschleunigen, werde ich im weiteren Verlauf dieses Buches den Begriff "Rückwirkende Eifersucht" als "RE" bezeichnen. Zweitens habe ich mich bemüht, nicht auf Einzelheiten einzugehen, die für Sie als Leser und RE-Leidenden als Auslöser oder Trigger für weitere Grübeleien dienen könnten. Wie Sie alle gut wissen, haben Auslöser ein Eigenleben und erscheinen, wie es ihnen gefällt. Wir werden die Auslöser später auf unserem Weg im Detail betrachten. Sollten Sie sich an irgendeinem Punkt angesprochen fühlen, dann folgen Sie bitte einigen der Übungen, die später im Buch zu finden sind. Denken Sie daran: Wenn Sie es nicht fühlen können, können

Sie es auch nicht heilen. So schmerzhaft Auslöser auch sind, sie sind eines der Geheimnisse der Heilung! Sie sind kleine versteckte (schmerzhafte) Edelsteine des Wachstums und der persönlichen Kraft, wenn man strategisch und mit bewusster Präsenz vorgeht. Wenn Sie also von jetzt an getriggert werden, dann sehen Sie es als eine gute Sache an! Es ist eine Gelegenheit, den Auslöser zu Ihrem Vorteil zu nutzen, um zu wachsen. Drittens haben Sie vielleicht gehört, dass es unmöglich ist, sich vollständig von RE zu befreien und dass Sie immer wieder mal getriggert werden können. Das mag auf einige Ex-Kranke zutreffen, aber es ist immer noch eine wunderbare Verbesserung im Leben des Einzelnen. Ich möchte, dass Sie, der Leser, erraten, wie viel von meiner RE noch übrig ist. 0%! Ich bin absolut zu 100% von meiner Eifersucht geheilt und werde niemals wieder getriggert. Allerdings kann ich Ihnen, dem Leser, das nicht auch versprechen, da jeder Mensch einzigartig ist und sein Wachstum anders erleben wird. Aber Sie müssen wissen und sich zutiefst bewusst sein, dass absolute Heilung erreichbar und für Sie möglich sein kann. Und schließlich und vor allem müssen Sie **hier und jetzt** entscheiden, dass Sie genug von diesem lebensvernichtenden Schmerz haben und bereit sind, damit aufzuhören, Ihren Schmerz auf Ihren Partner, Ihre Freunde und Ihre Familie zu projizieren. Die mutige, stärkende Entscheidung, Ihre RE zu überwinden, wird Ihr Leben über Ihr gegenwärtiges Verständnis hinaus bereichern. Es wird das Leben Ihrer Freunde und Ihrer Familie von den negativen Projektionen Ihrer Eifersucht nach außen befreien. Es wird Sie stärker und mitfühlender machen und Ihnen die Fähigkeit und die Werkzeuge geben, andere scheinbar negative Kämpfe zu überwinden, die in Ihrem Leben auftreten können. Kurz gesagt, Ihre Überwindung von RE wird die Welt zu einem besseren Ort machen. Es ist das Beste, was ich je getan habe und ich möchte, dass Sie von den gleichen Ergebnissen profitieren können. Sie wurden nicht in diese Welt gebracht, um zu leiden. Sie sind ein göttliches, einzigartiges Wesen, das hier aus einem positiven Grund existiert.

Sie haben also beschlossen, dass die Reise zur Überwindung von RE **jetzt beginnt**. Lesen Sie weiter mit Mut, Positivität und Lust auf Veränderung!

Bevor wir beginnen, nehmen Sie diese einfachen Wahrheiten mit und überprüfen Sie sie während Ihrer Heilungsreise regelmäßig:

1. Sie werden eines Tages nicht mehr da sein. Ihr gesamter Besitz wird schließlich zu Staub zerfallen. Ihre Lieben werden eines Tages verschwunden sein und mit ihnen alle Ihre Errungenschaften, Erfolge, Auszeichnungen und Ehrungen. Dies sollte Sie nicht deprimieren, ganz im Gegenteil, es sollte Sie dazu inspirieren, die Realität der Endlichkeit aller Dinge zu begreifen. Das Leben ist einfach zu kurz für Ihre RE. Sie können nicht zulassen, dass es so bleibt, wie es ist. Ihr Leben ist dazu da, um genossen zu werden und Ihre Einzigartigkeit und Liebe mit der Welt zu teilen.
2. Jeder Augenblick jeder Ihrer Tage auf dieser Erde ist kostbar. Vergeuden Sie keine kostbaren Augenblicke im Kampf mit unfassbaren, selbst erschaffenen Dämonen.
3. Sie sind eine mächtige, intelligente Lebenskraft, die in der Lage ist, fast alles in Ihrer Welt zu manifestieren.
4. Sie sind ein einzigartiges menschliches Wesen. Es gibt nur einen von Ihnen. Sie sind das einzige Wesen auf dem Planeten, das Ihre einzigartigen Fingerabdrücke hat. Sie sind eine wertvolle, mächtige Schöpfung.
5. Wir sind alle miteinander verbunden. Sie haben die

gleichen Kernängste, Schmerzen, Emotionen und Bedürfnisse wie Ihre Mitmenschen.

Kapitel 1: Meine Geschichte

Ich schien jede romantische Beziehung zu zerstören, in die ich je hineingekommen war. Nicht wegen Untreue oder Unvereinbarkeit, auch nicht wegen Streitigkeiten, Langeweile oder dem Bedürfnis nach persönlichem Freiraum. Sie wurden alle durch einen tranceähnlichen Zustand zerstört, der mein ganzes Wesen auf einer extrem regelmäßigen Basis aufzehrte. Fast so, als wäre ich von einem dämonischen Wesen besessen. Ich wurde übervorsichtig und beobachtend wie ein Privatdetektiv. Ich wurde ein schneller und sehr scharfer Manipulator. Heiße, von Angst durchdrungene Energie floss rasch von meinen Füßen bis in den Magen und hoch in meine Kehle. Ich verlor die Kontrolle über meine Gedanken und Worte. All diese Symptome wurden anscheinend durch meine Besessenheit von der Vergangenheit meiner Partnerin verursacht. Ich bombardierte meine Partnerin mit persönlichen Fragen über ihre früheren Beziehungen. Nichts blieb unversucht und die Besessenheit eiterte tage-, wochen-, monate- und jahrelang vor sich hin. Unzählige imaginäre Bilder und Gedanken über die Vergangenheit meiner Partnerin gingen mir ohne Pause Minute für Minute durch den Kopf. Und wenn ich schließlich einschlief, erlebte ich einen Ansturm von Albträumen, während ich zusah, wie sich diese neu erdachten vergangenen Begegnungen meiner Partnerin wie ein Film abspielten. Im Wachzustand gab ich meiner Partnerin alle möglichen abfälligen Namen, machte ihr Vorwürfe und beschimpfte sie. Ich wusste nicht mehr, wie ich den Angriff auf die Welt und die Menschen um mich herum kontrollieren sollte. Ich habe dadurch wunderbare Menschen aus meinem Leben verloren.

Ich fühlte mich krank, als hätte ich eine Art Virus in meinem Blut.

Erst in einer ernsthaften Beziehung Mitte zwanzig erkannte ich, dass dieses Verhalten nicht die Norm war und nicht meinen Normen und Werten für das, was in Ordnung und richtig war, entsprach. Bis zu diesem Zeitpunkt konnte ich mir nicht vorstellen, wie jemand **nicht** mit mir übereinstimmen und damit einverstanden sein konnte, dass seine Partnerin irgendeine Art von intimer Vergangenheit mit einer anderen Person hatte. Nachdem eine besonders ungeheuerliche RE einen Streit mit meiner Partnerin ausgelöst hatte, sah ich zu, wie sie sich so aufregte und zusammenbrach, dass ich zum ersten Mal klar erkennen musste, dass meine Denkweise von meiner Eifersucht geprägt und nicht gesund war. Nach dieser Erleuchtung wurde mir klar, dass ich nicht noch einen nahestehenden Menschen in meinem Leben verlieren wollte und wusste tief in meinem Inneren, dass es Zeit für Veränderungen war.

Ich traf Sarah zum ersten Mal vier Jahre bevor wir unsere Beziehung begonnen hatten. Wir lernten uns bei einem Treffen im Haus eines gemeinsamen Freundes kennen und wurden schnell Freunde. Da die Freundschaft viele Jahre dauerte, bevor die Beziehung begann, wurde ich über einen Großteil ihrer auf intimen Beziehungen basierenden Geschichte und Begegnungen informiert. Diese Informationen sollten als Munition für meine zukünftigen, durch Eifersucht geschürten Übergriffe dienen. Je weiter die Beziehung voranschritt und je mehr wir ein Paar wurden, desto mehr befragte ich sie über ihre Vergangenheit, füllte mentale Zeitlinien und imaginäre Puzzleteile aus, um meine eigenen persönlichen Bilder von dem zu schaffen, was meiner Meinung nach geschah, mit Bruchstücken listig oder offen gesammelter Informationen. Zu Beginn der Beziehung gab sie meinen Bitten um Informationen leicht und unschuldig nach. Meine neu gesammelten Informationen lösten bei mir einen emotional unsicheren Ausbruch aus und sie wurde verwirrt und verzweifelt. Sie lernte schnell und merkte, wenn ich versuchte, Einzelheiten aus ihrer Vergangenheit aus ihr herauszuholen und schloss sich zu, wobei sie sehr darauf achtete, dass mein Eifersuchtszustand nicht eskalierte. Aus diesem Grund ließ sie schon in einem frühen Stadium der Beziehung emotionale Mauern und Barrieren hochgehen. Diese Mauern blockierten einen Großteil unserer wahren potenziellen Verbindung. Es verging kein Tag, an dem ich nicht von einer ihrer Verflossenen besessen war. Ich versuchte, so weit in ihre Geschichte einzudringen, dass selbst sie sich nicht mehr an die Einzelheiten ihrer Vergangenheit erinnern konnte. Ich setzte die imaginären Puzzleteile für sie zusammen und kreierte meine eigenen Filmrollen, die in einer Schleife im Kino "Rückwirkende Eifersucht" in meinem Kopf abgespielt wurden. Alles, was sie sagte, wurde geistig notiert und gegen sie verwendet. Mit zunehmender Häufigkeit unserer Kämpfe eskalierten sie, oft bis hin zu einem Beinahe-Zusammenbruch. Der Gedanke an eine Trennung gab mir ein intensives Gefühl der Erleichterung, da ich nicht mehr an ihre Vergangenheit denken musste und sie gehen lassen konnte. In Wahrheit versuchte ich, ihre Vergangenheit, die ich in meinem Kopf heraufbeschworen hatte, loszulassen, nicht sie. Zu diesem Zeitpunkt war ich mir nicht bewusst genug, um zu erkennen, dass die Erleichterung sehr, sehr kurzlebig wäre, wenn ich die Beziehung verlassen würde. Vielleicht bin ich für eine gewisse Zeit frei von RE. Aber wenn ich in der Zukunft eine neue Beziehung eingehen würde und diese vertrauten, aufregenden Gefühle wieder auftauchen würden, so würde meine RE Auslöser sein, die Verzweiflung und all das albtraumhafte Drama, das diese Beziehung begleitet. Ich danke dem Himmel, dass ich mit einer Person zusammenkam, die in ihrem Innersten so stark war, dass sie mich nicht verlassen würde und schwor, mit mir zusammenzuarbeiten, egal wie schlimm es werden würde. Sogar als ich verkündete, dass es mir nie wieder besser gehen würde (es mag sich so anfühlen, wenn man unter RE leidet). Falls Ihr Partner nicht so unterstützend ist, haben Sie trotzdem keine Angst. Das Problem liegt nicht beim anderen, sondern Sie müssen sich von innen heraus verwandeln, unabhängig von einem externen Unterstützungssystem oder der Beteiligung eines geliebten Menschen. Das Problem lag nicht bei Sarah, das Problem lag tief in meinem Inneren. Ich musste zum Kern meines Schmerzes vordringen. Warum war ich so besorgt um diese Typen aus ihrer Vergangenheit? Warum kümmerte ich mich so sehr um die Details dieser Männer bis hin zu einer ungesunden Besessenheit? Die Reise für diese Antworten führte mich dazu, viel über mich selbst zu entdecken, einschließlich dessen, wer ich wirklich war und was ich wirklich im Leben wollte. Aber zuerst musste ich den Schmerz nicht nur unterdrücken, damit ich klar genug sehen konnte, um zu wachsen, sondern ich musste tief in die Wurzel meines Schmerzes vordringen und ihn mit beiden Händen herausreißen. Mit der Zeit, viel Selbstreflexion und harter Arbeit gelang es mir, mich zu bessern. Seither bin ich nie glücklicher gewesen.

Meine Reise in Richtung Heilung begann mit der bereits erwähnten Einsicht, dass die Art und Weise, wie ich mich verhielt, nicht in Ordnung war und weder mir noch meiner Partnerin ein angenehmes Leben ermöglichte. Dies führte zu einer umfangreichen Online-Suche, bei der ich versuchte, alle Informationen über Eifersuchtskranke mit ähnlichen Symptomen zusammenzustellen. Zu diesem Zeitpunkt machte ich die bahnbrechende Entdeckung, dass diese Art von Eifersucht einen Namen hatte: Rückwirkende Eifersucht.

Bis dahin hatte ich mein Verhalten einfach nur als schlichte gewöhnliche Eifersucht bezeichnet. Wie Sie wahrscheinlich schon selbst herausgefunden haben, ist RE nicht einfach nur Eifersucht nach altem Standard. Zu erfahren, dass ich nicht allein war, war sehr tröstlich. Ich fand einige hilfreiche Ressourcen und entdeckte sogar eine Facebook-Gruppe von RE-Betroffenen! Ich stieß jedoch online auf viele kontraproduktive, unsensible Informationen und "Hilfe", die offensichtlich nicht von jemandem stammten, der unter RE gelitten hatte. Die Art von Artikeln, die so wenig hilfreichen Unsinn bieten wie "ihre Vergangenheit spielt keine Rolle, man muss nur darüber hinwegkommen, jeder hat etwas getan". Wie Sie wahrscheinlich festgestellt haben, ist diese Art von Ratschlägen bestenfalls kurzzeitig erleichternd.

Als ich mehr und mehr über RE und die Leidenden auf der ganzen Welt entdeckte, wurde ich von einem neuen Gefühl des Kampfgeistes und des Optimismus überwältigt, das mir sagte: "Es ist möglich! Ich kann das durchstehen!" Bis dahin hatte ich dieselbe alte Aussage wie eine kaputte Schallplatte immer und immer wieder verkündet: "Ich werde nie wieder gesund werden." So wie Sie denken und sprechen, so werden Sie auch sein. Ich begann, diese innere Sprache sehr schnell umzustellen. Die Umkehrung meines negativen Selbstgesprächs war ein großer Verbündeter bei meiner Genesung. Als ich mir meiner Gefühle und meines Verhaltens bewusster wurde, begann ich, jeden Aspekt meiner Gefühlszustände in Frage zu stellen. Durch viel Lesen und Studieren begann ich, mehr über mich selbst zu verstehen. Einer der Bereiche meines Selbst, der mir bewusst wurde, war meine intensive Angst und Nervosität, wenn ich nachts in der Öffentlichkeit unterwegs war. Ich hatte diese Gefühle immer erlebt, aber sie waren unter der Oberfläche und ich war mir ihrer nicht bewusst. Als ich tiefer eintauchte, warum ich mich so fühlte, kamen Erinnerungen an die Gewalt, die mir von älteren Kindern in meiner Jugend angetan wurde, an die Oberfläche. Ich begann, einen Therapeuten aufzusuchen, der mir von einem Familienmitglied empfohlen wurde. Während meiner Arbeit mit dem Therapeuten entdeckte ich, dass diese Gefühle von Angst und Stress unter der Oberfläche einen Großteil meines Lebens beeinflussten, nicht nur, wenn ich nachts in der Öffentlichkeit war und mich verletzlich fühlte. Ich hatte die emotionalen Narben und die Angst, die mir als Kind zugefügt worden waren, unwissentlich in mein Erwachsenenleben getragen. Diese Entdeckung machte mir klar, warum ich mich so schwach und klein fühlte im Vergleich zu den Ex-Freunden meiner Partnerin (die ich mir stärker, größer und insgesamt körperlich beeindruckender als ich vorgestellt hatte). Es begann, sich alles Stück für Stück zusammenzufügen. Meine Angst, meine Schwäche, mein Gefühl der Verletzlichkeit, das alles rührte von meinem einfachen Fall von Unsicherheit her. Hätte ich in meiner Jugend Szenarien erlebt, in denen ich mich stark, mutig und heldenhaft im Gegensatz zu schwach und unterdrückt gefühlt und gewirkt hätte, hätte ich dies wahrscheinlich in mein Unterbewusstsein als Erwachsener getragen und vielleicht hätte RE nie mein Wesen bewohnt. Es wurde klar, dass vieles von dem, worunter ich als Erwachsener litt, eine direkte Folge bestimmter Erfahrungen in meiner Jugend war. Ich musste diese ungesunden unterbewussten Gewohnheiten korrigieren, die mich niederdrückten. Später würde ich mit meinem inneren Kind in Kontakt kommen.

Ein Buch, das mir half, diese Heilung des inneren Kindes zu erreichen, war "Wenn Scham krank macht: Ein Ratgeber zur Überwindung von Schamgefühlen" von John Bradshaw.

Ich hatte entdeckt, dass viele meiner Unsicherheiten als Erwachsener daher rührten, dass ich mich tief in meinem

Inneren schwach, klein und verletzlich fühlte. Das war eine große Entdeckung, denn das bedeutete, dass ich jetzt wusste, womit ich arbeitete. Ich konnte mein Problem mit seinem polaren Gegenteil bekämpfen. Wenn ich mich schwach fühlte, dann musste ich einen Weg finden, mich stark zu fühlen. Wenn ich mich schämte, musste ich mit Selbstvertrauen dagegen ankämpfen. Wenn ich Angst fühlte, dann musste ich mit Mut dagegen ankämpfen.

Ich stelle Ihnen diese Informationen zur Verfügung in der Hoffnung, dass Sie tief in sich selbst suchen werden, um herauszufinden, was genau es ist, das Sie so unsicher macht. Es stammt wahrscheinlich aus Ihrer Jugend. Ich empfehle Ihnen, einen Therapeuten aufzusuchen und sich von ihm helfen zu lassen, Ihr inneres Kind kennenzulernen. Es gibt wahrscheinlich einige Lebenserfahrungen, die dazu geführt haben, dass Sie ein Erwachsener geworden sind, der sich in seiner eigenen Haut nicht wohl fühlt - ein Erwachsener mit Unsicherheiten, die mächtig genug sind, um eine Bestie wie RE heraufzubeschwören. Ich arbeitete schließlich an meinen Schwächeproblemen, indem ich einer Muay-Thai-Klasse beitrat (und buchstäblich zum Kämpfer wurde), Mitglied eines Fitnessstudios wurde und mein Unterbewusstsein neu trainierte, um das negative Selbstgespräch durch Affirmationen von Vertrauen und Macht zu ersetzen.

Mit viel frischen Erkenntnissen in meinem Kopf, einem wunderbaren Therapeuten und einem neuen Selbstverständnis hatte ich viele Bereiche, in denen ich meine Heilarbeit beginnen konnte. Nach etwa 18 Monaten engagierter, strategischer und unerbittlicher transformativer Arbeit war ich tatsächlich frei von REs heimtückischem Griff. Oft versuchten Auslöser weiterhin, meine Aufmerksamkeit zu erregen, aber ohne Erfolg. Ich war zu gut darin, Auslöser zu ignorieren. Ich war gut darin, mich auf das Positive zu konzentrieren und mein Geist war mit wunderbaren, lebensbejahenden Gedanken und Aktivitäten beschäftigt. Jetzt, einige Zeit später, bin ich zu 100% frei von Auslösern, aufdringlichen Gedanken von RE und all dem destruktiven Drama, das sie begleitet. Das können Sie auch sein! Meine Beziehung war auch noch nie besser. Lesen Sie mit Begeisterung weiter!

Kapitel 2: Verantwortung übernehmen und sich mit den Problemen auseinandersetzen

Im Alter von 25 Jahren begriff ich plötzlich, dass es nicht normal ist, dass sich jemand so verhält, wie ich mich verhalte. Ich erkannte, dass die Art und Weise, wie ich meine Nächsten behandelt hatte, nicht akzeptabel war, und zum ersten Mal akzeptierte ich wirklich, dass ich ein Problem hatte. Meine auf RE basierende Vergangenheitsperspektive bestand darin, dass ich nicht verstand, wie andere sich mir nicht anschließen konnten, wenn ich über die Vergangenheit meiner Partnerin absolut verzweifelt war. Meine geheilte Perspektive ist die volle Akzeptanz dessen, was ist und die Verbreitung voller Liebe und Wachstum. Es ist häufig ganz normal, dass ein Mann oder eine Frau leicht verärgert oder eifersüchtig sind, wenn sie von den früheren Beziehungen ihres Partners hören. Aber im Gegensatz dazu kann Eifersucht für den an RE leidenden Menschen Freude verwehren und quälend sein, wenn sie die Lebensweise beherrscht und beeinträchtigt. RE kann sich wie ein absoluter Albtraum anfühlen.

Sie tragen die volle Verantwortung für Ihre RE. Es ist nicht das Problem Ihres Partners, es ist Ihr Problem. Es ist auch nicht die Schuld Ihres Partners, dass Sie davon betroffen sind. Sie müssen es sich zu eigen machen und es akzeptieren, um für echte Veränderungen bereit zu sein. Es ist auch nicht Ihre Schuld, dass Sie an RE leiden, aber Sie müssen sich damit auseinandersetzen. Sie müssen nicht unbedingt den Grund herausfinden, warum Sie darunter leiden. Das ist zweitrangig (obwohl das Herausfinden der Grundursache oft Klarheit schaffen und zur Heilung beitragen kann. Ich empfehle dies sehr). Wenn Sie in der Wildnis wären und mit einem Pfeil angeschossen würden, müssen Sie zuerst die Wunde heilen und das Gift aufhalten, bevor Sie im Laub nach dem Schützen suchen, der den Pfeil abgeschossen hat. Im nächsten Kapitel - "Den Grund herausfinden" - werden wir uns mit dem Ausgraben der Wurzeln Ihres Schmerzes befassen.

Wenn Sie sich mit Ihrer RE nicht wirklich auseinandersetzen, können Sie Ihrem Partner weiterhin die Schuld für seine Vergangenheit geben und Ihren Schmerz nach außen hin auf eine schädigende Weise gegenüber Ihren Mitmenschen zum Ausdruck bringen. Ihre Vergangenheit ist nicht das Problem, denn ihre Vergangenheit ist nicht hier und jetzt. Hier und jetzt ist die einzige Zeit, die wir je gemeinsam haben werden. Wenn Sie an RE leiden, kann es sich so anfühlen, als würden Sie in diesem Augenblick von Ihrem Partner betrogen werden. Das liegt daran, dass Ihr Körper nicht zwischen dem, was real und imaginär ist, unterscheiden kann. Er reagiert chemisch auf die Gedanken, die Sie ihm präsentieren. Viele Angstpatienten haben das Gefühl, dass sie von einem Löwen angegriffen werden oder dass ein Serienmörder in ihr Haus eindringen wird. Das ist der Abwehrmechanismus des Körpers, der Sie schützen soll. Wenn man die Augen schließt und sich vorstellt, die Kühlschranktür zu öffnen, hineinzugreifen, eine Zitrone herauszupicken und in sie hineinzubeißen, kann es passieren, dass der Mund zu speicheln beginnt. Wir wissen bewusst, dass es dort keine Zitrone gibt, aber der natürliche Mechanismus des Körpers verrichtet seine Arbeit unabhängig von greifbaren Objekten, Bedrohungen oder der Umgebung. Es ist wichtig, dies auf Ihrer Reise zur Überwindung von RE zu bedenken.

Die Vergangenheit Ihres Partners existiert nicht. Wenn Sie mit diesen Gedanken kämpfen, kämpfen Sie mit einem Phantom. Sie können RE nicht besiegen, indem Sie mit Gedanken kämpfen und Sie können sie auch nicht besiegen, indem Sie mit einem Geist oder einer imaginären Illusion ringen. Der erste Schritt, um Ihren Schmerz in Macht umzuwandeln, ist die Anerkennung Ihrer RE. Wenn Sie sich damit auseinandersetzen, können Sie diese schmerzhafte Energie in lebensbejahende, liebende Kraft umwandeln, die Ihr Leben für immer verändern wird. Die Kraft, die Sie nach der Umwandlung dieser RE-Energie gewinnen, macht Mut und wird Ihnen bei all Ihren Lebensbemühungen helfen.

Wie Sie die Verantwortung für Ihre RE übernehmen

Verwenden Sie die Technik der schriftlichen/ausgesprochenen Bestätigung, um die volle Verantwortung für sich selbst oder Ihre RE zu übernehmen.

Schreiben Sie die folgenden Affirmationen auf Papier und sagen Sie sie sich zweimal täglich in der nächsten Woche vor, während Sie Ihre transformative Reise beginnen. Sagen Sie sie einmal morgens, wenn Sie aufwachen, und einmal abends, bevor Sie einschlafen.

1. Ich übernehme die volle Verantwortung für meine RE.
2. Ich weigere mich, andere für ihre Vergangenheit verantwortlich zu machen.
3. Ich weigere mich, anderen die Schuld für mein Leiden zuzuschieben.
4. Ich weiß, dass ich und nur ich allein für meine Heilung verantwortlich bin.
5. Ich werde erst dann nachgeben, wenn ich meinen RE-Schmerz in kraftvolle, lebensbejahende Energie umgewandelt habe.

Spüren Sie die Macht, die Sie haben, wenn Sie die Verantwortung für Ihre RE übernehmen. Sobald Sie diese Macht besitzen, können Sie sie umwandeln.

Kapitel 3: Den Grund herausfinden

Sie sollten das positive Gegenteil finden, um Abhilfe für jedes Leiden zu schaffen, das Ihr Leben überschattet. Eines meiner Kernprobleme war zum Beispiel, dass ich mich körperlich und geistig schwach fühlte. Diese Unsicherheit gab meiner RE reichlich geistige Nahrung, die sich als emotionaler Auslöser manifestierte. Diese unerträgliche Auslösermunition beruhte auf dem Glauben, dass meine Partnerin mit größeren, muskulöseren und meiner Meinung nach überlegeneren Männern zu tun hatte. Nach intensiven, detektivischen Verhören durch mich beruhigte meine Partnerin regelmäßig meine Zyklen der Zwangsstörung, indem sie erklärte, dass sie sich für mich interessierte und nicht für diese größeren, anders gebauten Männer. Der Auslöser war jedoch bereits gesetzt, versteckt unter den Blättern meines Geistes und wartete auf die nächste Störung. Dann würde mein Verstand wie ein Uhrwerk schnell wieder in der scheinbar unausweichlichen Bärenfalle gefangen sein.

Mit der Zeit und mit viel Arbeit begann sich eine bewusstere, positivere Seite meines Geistes herauszubilden, während die von meiner RE ausgelösten Gedanken in der Wildnis kämpften. Nach einer bestimmten Therapiesitzung ging ich in die Tiefe und entdeckte die Ursache für mein Gefühl der Schwäche und Minderwertigkeit. "Haben Sie in Ihrer Vergangenheit jemals Gewalt erlitten?" fragte mein Therapeut. Ich dachte zurück bis in die Zeit, als ich zwölf Jahre alt war. Ich war mit fünf oder mehr meiner Freunde

Skateboard fahren und wir waren auf dem Weg zum örtlichen Skatepark durch eine Unterführung gefahren, die zu einem von Wald umgebenen Feld führte. Eine randalierende Gruppe von mindestens zwanzig bis fünfundzwanzig älteren Kindern tauchte aus den Bäumen auf und attackierte uns mit Schimpfwörtern, während wir mit gesenktem Kopf gingen, verängstigt, aber unbekümmert. Die ältere Gruppe schien in ihren späten Teenagerjahren und frühen Zwanzigern zu sein. Als die Bande näher kam, wurden meine Freunde vor der Gruppe mit Faustschlägen auf Kopf und Gesicht angegriffen. Als sie vorausliefen, um zu entkommen, wurde ein Freund in das Chaos verwickelt und zu Boden geschlagen. Ich wollte nicht weglaufen und meinen Freund zurücklassen, also wartete ich auf ihn, auch ich war wie gelähmt vor Angst. Ich sah zu, wie mehrere Mitglieder der Bande seinen Kopf gegen den Betonweg stießen (er entkam schließlich ohne ernsthafte Verletzungen). Nachdem sie mit ihm fertig waren, wandten sie sich mir zu. Ich war von etwa zehn von ihnen umgeben. Einer von ihnen schlug mich hart ins Gesicht. Tatsächlich so hart, dass mein Gesicht taub wurde. Das Gefühl war ähnlich wie das eines Fußballs, der einem auf dem Spielfeld versehentlich ins Gesicht geschlagen wird. Es fühlte sich an, als sei meine Nase dort, wo mein Ohr sein sollte. Ich hörte von rechts von mir "So macht man das!" Und eine schwingende Faust erwischte mich in der Kehle. Ich fiel auf die Knie und konnte nicht zu Atem kommen. Dann bekam ich mehr Schläge, als ich überhaupt um mein Gesicht und meinen Kopf herum fühlen konnte. Während die Schläge weitergingen, ging ein Passant mit seinem Hund über das angrenzende Feld und rief der Bande zu: "Lasst ihn in Ruhe! "Was willst du dagegen tun?" schrie der Rädelsführer der Bande. In diesem Moment sah ich, wie der einzige Erwachsene, der mich hätte retten können, sich abwandte und die Szene in Angst verließ. Ich fühlte mich wirklich hilflos. Einer der Rüpel zog ein dickes

Seil mit einer bereits gebundenen Schlinge aus einem schwarzen, dicken Müllsack. Ich schaute auf den Schlüpfknoten, dann auf die umliegenden Bäume. Meine Pupillen weiteten sich und ich war erfüllt von Überlebensdrang und Adrenalin. Es war Kampf oder Flucht. Mit ungeheurer Angst konnte ich spüren, was geschehen würde. Bevor die Grausamkeiten weitergehen konnten, sah ich eine Öffnung zwischen den Beinen der Bandenmitglieder. Da ich nichts zu verlieren hatte, sprang ich durch ihre Beine und rannte so schnell ich konnte, während ich eine blutige Spur hinter mir ließ. Sie folgten mir und waren dicht hinter mir. Meine Beine fühlten sich wie Gummi an, aber ich rannte und rannte weiter. Irgendwann sah ich ein Haus und klopfte wie wild an die Tür, bis ein älteres Ehepaar, das Gefühl von Panik in meinem Gesicht sehend, mich einließ. Sie müssen völlig schockiert gewesen sein. Es gelang mir, die Polizei zu rufen und endlich war ich in Sicherheit.

Obwohl ich körperlich relativ unversehrt davongekommen bin, blieb eine tiefe Narbe zurück, die mich für den Rest meines Lebens verfolgen würde. Ich hatte diesen ungeheuerlichen Schrecken unbewusst und unwissentlich in meine Erwachsenenjahre getragen. Ich bin fest davon überzeugt, dass dieses gewalttätige Trauma eine starke grundlegende Ursache für meine RE als Erwachsener war. Der Mangel an Selbstachtung und das Gefühl absoluter Hilflosigkeit und Angst war eine der Hauptursachen für meine spätere RE. Das verängstigte Kind, das so heftig geschlagen wurde, wurde nie wirklich behandelt, was dazu führte, dass ich bis weit in mein Erwachsenenleben dieses verängstigte Kind blieb. Ich hatte die potenzielle Wurzel nicht nur meiner Probleme mit meinem geringen Selbstwertgefühl, sondern auch meiner verinnerlichten Scham entdeckt. Es fiel mir schwer, in der Öffentlichkeit zu sein, ohne mir über die

Schulter zu schauen, und jede Aggression von irgendjemand anderem in irgendeinem anderen Szenario während meines ganzen Lebens würde eine ähnliche Angst auslösen, wie ich sie an jenem Tag empfand, als ich zwölf Jahre alt war. Der Samen des Minderwertigkeitskomplexes war in den Boden der Angst gesät worden und es war nur eine Frage der Zeit, bis die Sprossen der rückwirkenden Eifersucht auftauchten.

Ich erzähle Ihnen diese Geschichte, weil die Wiederentdeckung dieses Traumas mir geholfen hat, tief genug in meinen Kopf einzudringen, um herauszufinden, warum ich mich so schwach fühlte und warum ich ein solches Problem mit dem Ex meiner Partnerin hatte, den ich für so überlegen hielt. Die Wiederentdeckung dieses Traumas war für mich eine Offenbarung, um zu erkennen, dass meine Gefühle der Schwäche und des geringen Selbstwertgefühls nicht aus der Luft gegriffen waren und ich nicht mit ihnen geboren wurde. Sie wurden gelernt und wie bei den meisten mentalen Mustern kann man sie auch verlernen! Ich ging dem Problem, warum ich mich minderwertig fühlte, auf den Grund. Ich riss die Wurzeln heraus, die tief in den unteren Schichten meines Bewusstseins lagen, indem ich lernte, stark zu werden. Ein mächtiges Werkzeug auf meinem Heilungsweg war die Inanspruchnahme einer wunderbaren Therapeutin, der ich mich gerne anvertraute. Einen fantastischen Therapeuten zu finden, kann eine unglaubliche Hilfe sein, nicht nur bei der Heilung Ihrer RE, sondern in vielen Bereichen Ihres Lebens. Obwohl es nicht unbedingt notwendig ist, dass Sie herausfinden, warum Sie an RE leiden (einige Betroffene scheinen überhaupt keinen Grund zu haben), kann es für Sie von Vorteil sein, die Ursachen zu finden und zu beseitigen. Es hat mir auf meinem Weg geholfen, aber Sie können Ihre RE auch besiegen, ohne wirklich zu wissen, warum Sie betroffen sind. Fragen Sie sich:

Warum leiden Sie an RE? Ich bitte Sie dringend, weit in Ihre Vergangenheit, in Ihre Jugend zu schauen. Vielleicht finden Sie die Antwort.

Wie habe ich also diesen Minderwertigkeitskomplex bekämpft, durch den ich mich so schwach fühlte? Ich wurde ein Kämpfer, im wahrsten Sinne des Wortes. Ich fühlte mich schwach, also beschloss ich, das genaue Gegenteil zu werden. Ich beschloss, stark zu werden. Bitte achten Sie auf das Wort **beschloss**! Ich begann, Muay Thai in einem Club für gemischte Kampfkünste zu trainieren und zu lernen. Ich fühlte mich so schüchtern und schwach, als ich die Turnhalle zum ersten Mal betrat. Das Geräusch von Boxsäcken, die aggressiv getreten wurden, hallte durch den riesigen Raum und die Geräusche von angehenden Kämpfern, die im brasilianischen Jiu-Jitsu-Käfig auf die Matte geschlagen wurden, trafen mich mit einem aufgeregten Schlag auf die Ohren. Ich hatte einen Ort gefunden, an dem meine Schüchternheit, Kraft und Stärke auf die Probe gestellt werden sollten. Nach meiner ersten Trainingseinheit spürte ich ein Gefühl von Kontrolle, Kraft und Mut. Der schüchterne, schwache Junge verwandelte sich in etwas völlig Neues. Ich verliebte mich in die Kunst der acht Gliedmaßen und hatte eine Tätigkeit gefunden, die mir das Gefühl gab, ganz oben auf der Welt zu stehen. Als mir dort ein Schlag auf den Kopf oder ein Tritt ins Gesicht (allerdings mit Schutzpolster) versetzt wurde, begrüßte ich dies. Ich spürte, wie meine Kraft mit jedem erhaltenen Schlag und mit jedem von meinen Gliedmaßen ausgehenden Schlag wuchs. Ich fand mich schnell dabei wieder, mit der Art von Männern zu kämpfen, denen ich mich zuvor so unterlegen gefühlt hatte und hielt mich wacker! Das schenkte mir ein ganz neues Maß an gesundem Selbstvertrauen, das ich vorher nicht gekannt hatte. Das schwache Kind war nicht mehr schwach. Diese neue körperliche Stärke ebnete den Weg für mentale Stärke. Dieses neu gefundene Selbstvertrauen war eine der wichtigsten Waffen in meinem Arsenal im Kampf gegen RE. In den nächsten Monaten des Trainings würde ich genau darauf achten, wie meine RE in einer Umgebung reagieren würde, in der ich die Werkzeuge erhalten würde, um innere und äußere Kraft aufzubringen. Ein Ort, an dem ich meinen Körper und meinen Geist so umgestalten könnte, dass ich eine kraftvolle Version von mir selbst werde. RE könnte hier in der Turnhalle nicht existieren. Ich war zu aktiv und arbeitete zu hart dafür, dass RE meine Aufmerksamkeit erregte. RE schlug oft zu, nachdem ich vom Training nach Hause gekommen war, aber diesmal hatte sie mit einem viel härteren Gegner zu tun, als sie es früher gewohnt war. Ein Gegner, der ein gesundes Selbstwertgefühl hatte, das schnell wuchs. REs Zeit wurde immer knapper und es wurde klar, dass sie nicht mehr viele Runden im Ring aushalten konnte. Ich trainierte eine Weile weiter, bis meine RE so weit geschrumpft war, dass es kein Zurück mehr gab. Ich betrachtete meine Muay-Thai-Trainingseinheiten eher als psychotherapeutische Sitzungen und nicht nur als körperliches Training. Das half mir, die Motivation zu bekommen, in die Muay-Thai-Turnhalle zu gehen und wöchentlich zu trainieren, denn die Sitzungen halfen mir geistig auf eine Weise, die ich zuvor noch nie erlebt hatte. Mit dem Nachlassen meiner RE hörte ich langsam auf, regelmäßig zu trainieren, da andere Bereiche und Ziele in meinem Leben für mich immer wichtiger wurden. Aber auch wenn ich nicht mehr so wachsam trainierte wie früher, so bleibt doch eines: Mein Muay Thai-Training war eines der größten und nutzbringendsten Unterfangen, das ich je unternommen habe. Ich werde nun den Rest meines Lebens mit mehr Selbstvertrauen, Stärke und persönlicher Kraft leben, als ich es früher für möglich gehalten hätte. Ganz zu schweigen davon, dass es mir großen inneren Mut verleiht, zu wissen, dass ich meine Familie mehr als je zuvor beschützen kann. Diese positiven Gefühle und Emotionen sind stark abwehrend gegen RE. Erinnern Sie sich an den Anfang dieses Buches, als ich Ihnen sagte, RE sei eines der besten Dinge, die mir je passiert sind? Nun, ich hätte diese positiven Denkweisen, körperlichen Fähigkeiten und Emotionen nicht entwickelt, wenn ich es nicht durchgemacht hätte.

Offensichtlich ist es nicht jedermanns Sache, ein Kämpfer zu werden. Aber die Botschaft hier ist, dass Sie Ihr **eigenes** Muay Thai finden müssen. Sei es Yoga, Krafttraining, mehr Geld verdienen, Malen, Radfahren oder sogar Kochen. Es spielt keine Rolle, was es ist. Tatsache ist, dass es draußen in der Welt etwas gibt, das Sie tun können, um Ihre negativen Gedanken über sich selbst zu bekämpfen und Ihr Selbstwertgefühl zu steigern. Nach einigem Training wurde mir klar, dass ich viel stärker war, als ich jemals dachte, dass ich es sein könnte. Finden Sie, was immer es ist, das Ihr Selbstwertgefühl stärkt und setzen Sie es unerbittlich ein! Das wird ein wichtiges Werkzeug in Ihrem Heilungsprozess sein. Warten Sie nicht! AGIEREN SIE JETZT! Beginnen Sie heute.

Kapitel 4: Umgang mit den Auslösern

Wenn Sie dieses Buch lesen und unter RE leiden, dann sind Ihnen die Auslöser höchstwahrscheinlich bestens bekannt. Sie sind das ständig wartende und geduldige Lieblingswerkzeug von RE, das sie gegen Sie einsetzt, wenn sie bereit ist, sich wieder zu ernähren. Wenn Sie jemals an einer Zwangsstörung gelitten haben oder mit den Symptomen vertraut sind, dann werden Sie wahrscheinlich eine Ähnlichkeit zwischen zwanghaften Gedanken oder Handlungen und den Auslösern durch RE feststellen. Sie sind in ihren Merkmalen sehr ähnlich. In der Literatur wird RE häufig als eine Art von Zwangsstörung bezeichnet. Da ich nicht auf dem Gebiet der Psychologie oder kognitiven Verhaltenstherapie ausgebildet bin, bin ich nicht qualifiziert, Symptome zu diagnostizieren oder zu vergleichen. Ich möchte jedoch erwähnen, dass ich im Laufe meines Lebens an vielen Symptomen der Zwangsstörung gelitten habe und ich hielt es für einen ziemlichen Zufall, dass ich auch so schwer an RE litt. Ich litt regelmäßig unter verschiedenen Zwangshandlungen, wie z. B. die ständige Kontrolle von Türschlössern und aufdringliche Gedanken (nicht nur in Bezug auf die Vergangenheit meiner Partnerin). Vielleicht sollten Sie sich eingehender mit Zwangsstörungen befassen, deren Eigenschaften und Ähnlichkeit mit den aufdringlichen Gedanken und Auslösern von RE vergleichbar ist, da es vielleicht noch andere Bereiche Ihres Lebens gibt, in denen Zwangsstörungen Fuß fassen könnten, obwohl es, wie ich bereits erwähnte, nicht unbedingt erforderlich ist, dass Sie die eigentliche Ursache Ihrer RE verstehen. Für ein gesundes Leben und eine gesunde Zukunft ist es jedoch unerlässlich, dass Sie diese schmerzhaften Erfahrungen in persönliche Kraft umwandeln.

Die Auslöser werden von selbst auftauchen und so wirken, als hätten sie ein Eigenleben. Sie können gleich morgens erscheinen und sie können erscheinen, wenn Sie sich zum Schlafen hinlegen. Sie können auftauchen, wenn Sie an einer Bar oder einem Restaurant vorbeigehen, das Ihr Partner früher mit einem Ex besucht hat oder Sie hören im Radio ein Lied von einer Band, die Ihr Partner mit einem Ex live gesehen hat. Alle Auslöser können schmerzhaft sein und Sie auf raffinierte und listige Weise in einen tranceähnlichen Panikzustand versetzen. Sie können nicht kontrollieren, wann diese Auslöser zuschlagen, aber mit etwas Übung können Sie Ihre Reaktion auf diese Auslöser kontrollieren!

Sie können Ihre Auslöser nicht überwinden oder besiegen, aber Sie können sie aushungern. Sie nähren sich von Ihren emotionalen Reaktionen und Gedanken. Eine Übung, die mir geholfen hat, war, mir die Wellen meiner ausgelösten Gedanken in einem blauen Ozean vorzustellen. Der Gedanke ist nur eine Welle, die vorüberziehen wird. Alle Gedanken sind flüchtig und werden relativ schnell vergehen, wenn sie nicht von emotionalen Reaktionen angetrieben werden. Sehen Sie einfach zu, wie die Welle aufsteigt und fällt, ohne sich emotional darauf einzulassen. Wenn Sie spüren, wie die Emotion in Ihrem Bauch aufsteigt, lassen Sie sie einfach los, atmen Sie tief durch und füttern Sie den Gedanken nicht. Der Verstand ist sprunghaft und wird schnell zu etwas anderem übergehen. Der vorhergehende negative Auslösergedanke wird verworfen, bis er später wieder zuschlägt, diesmal schwächer und schließlich gar nicht mehr. Wenn Sie nicht darüber nachdenken, existiert er nicht. Mit etwas Übung wird diese Methode Ihre belastenden Gedanken aufgrund negativer emotionaler Interaktion aushungern lassen und so die stärkste Waffe von RE, die Auslöser, vernichten.

Sprechen Sie nicht darüber

Hören Sie auf, über die Auslöser zu sprechen! Möglicherweise verspüren Sie den Drang, über die von Eifersucht geprägten Gedanken zu sprechen und sogar Ihren Partner dazu zu befragen. Geben Sie nicht nach! Je mehr Sie über Ihre RE-Gedanken sprechen, desto mehr Nahrung geben Sie ihnen zu essen und desto mehr Kraft geben Sie ihnen, was ihre Lebensdauer verlängert. Je schneller Sie lernen, nicht mehr über Ihre Auslöser zu sprechen, desto schneller werden Sie RE überwinden. Dies ist bei weitem eine der am schwierigsten zu bewältigenden Aufgaben, aber für Ihre Genesung äußerst wichtig. Versuchen Sie, eine Art spannende Denkstruktur zu finden, die Ihre Aufmerksamkeit erregt. Wann immer ich den Drang verspürte, meine Partnerin mit Fragen zu bombardieren, übte ich in Gedanken herausfordernde Klavierskalen, wobei meine Hände die Bewegungen in der Luft ausführten.

Führen Sie ein Auslöser-Tagebuch

Eine andere Methode, die mir bei der Heilung half, war das Führen eines Tagebuchs. Ich hatte immer ein Notizbuch bei mir. Wann immer ich getriggert wurde, schrieb ich Uhrzeit und Datum auf und was der auslösende Gedanke war. Zuerst war dies eine Methode, um meinen Genesungsfortschritt zu verfolgen. Im Laufe der Tage und Wochen überprüfte ich mein Auslöser-Tagebuch und sah mir die früheren Einträge noch einmal an. Ich analysierte meine Auslöser und stellte fest, dass die Einträge inhaltlich oft sehr ähnlich waren, aber manchmal auf leicht unterschiedliche Aspekte der Vergangenheit meiner Partnerin ausgerichtet waren. Vielleicht habe ich in der einen Woche über einen bestimmten Ex meiner Partnerin nachgedacht und in der nächsten Woche über einen anderen. Langsam, als ich diese Einträge durchsah, merkte ich, dass sie nicht unbedingt die Macht hatten, meinen Tag zu ruinieren. Ich überlebte die Tage, an denen ich getriggert worden war und kämpfte um einen weiteren Tag. Es war nicht das Ende der Welt. Ich dachte mir: "Ach, da fällt mir wieder dieser eine Gedanke ein, genau wie gestern und am Tag davor!" Ich dachte über die fast komische Idee nach, dass ich meine Uhr auf die Zeiten einstellen könnte, in denen ich durch einen bestimmten Gedanken getriggert wurde. Indem ich meine Auslöser in dieses Tagebuch eintrug, enthüllte ich Trickkiste der RE und brachte sie ins Licht meines Bewusstseins. Sobald man sich der Tricks der RE bewusst wird, verlieren sie nach und nach ihre Macht über einen. Eines Tages, als ich meine früheren Einträge durchsah, kam ich zu der Erkenntnis, dass ich durch die Auslöser nicht so viel Trauer empfand, wie es in den vergangenen Wochen zuvor der Fall war. Meine Auslöser schrumpften an Macht und ich war auf dem Weg der Besserung.

Meditation und Spiritualität

Meditation ist ein äußerst kraftvolles Werkzeug, das Sie auf Ihrem Heilungsweg unterstützen wird. Meditation war eines der wertvollsten Werkzeuge, um meine RE zu transformieren und ist eine der lebensveränderndsten Ressourcen, die Sie in jedem Moment nutzen können. Zum Zeitpunkt, als ich dieses Buch schrieb, habe ich in den vorangegangenen drei Jahren fast jeden Tag meditiert und werde dies auch für den Rest meines Lebens tun. Die Vorteile sind endlos und ich war noch nie in meinem Leben so glücklich oder in der Lage, so ruhige Zustände des Friedens zu erreichen. Wir verbringen so viel Zeit damit, verloren zu gehen und zu versuchen, die Vergangenheit festzuhalten, und wir verbringen so viel Zeit damit, uns um die Zukunft zu sorgen, dass wir selten hier und jetzt sind - das Einzige, das wir je haben werden. Die Vergangenheit existiert nicht, die Zukunft ist nur ein Gedanke. Der Zugang zum gegenwärtigen Augenblick bedeutet, sich von den imaginären Fesseln der Vergangenheit und Zukunft zu befreien. Meditation ist ein Weg, um mit Ihrem Fokus auf den gegenwärtigen Moment zuzugreifen. Wenn Sie im Jetzt präsent sind, kann RE Sie nicht erreichen, da sie auf Gedankenformen der Vergangenheit beschränkt ist. Wenn Sie meditieren und im Jetzt präsent sind, transzendieren Sie alle Gedanken und schneiden RE die Nahrungszufuhr ab. Sie kann nicht im gegenwärtigen Augenblick leben, wenn Sie voll präsent sind. "Nun, wie erreiche ich diese Gegenwart? Wie meditiere ich?" höre ich Sie fragen. Nachfolgend habe ich meine tägliche Meditationspraxis zusammengefasst:

1. Suchen Sie sich einen ruhigen Ort, wo Sie nicht gestört werden.
2. Stellen Sie einen Alarm für zehn Minuten ein.
3. Setzen Sie sich auf den Boden und kreuzen Sie Ihre Beine, legen Sie Ihre Hände auf die Knie, wobei die Handflächen im Empfangsmodus nach oben zeigen.
4. Schließen Sie die Augen und atmen Sie fünf Sekunden lang tief ein, halten Sie fünf Sekunden lang den Atem an und lassen Sie ihn fünf Sekunden lang wieder los. Wiederholen Sie dies.

5. Konzentrieren Sie sich auf Ihren Atem und lauschen Sie der Stille, die den Raum durchdringt. Versuchen Sie, sich nicht an irgendwelche Gedanken zu hängen, die auftauchen könnten und lassen Sie sie sich friedlich in der Stille auflösen.
6. Spüren Sie den inneren Körper, indem Sie sich auf den Energieimpuls konzentrieren, den Sie auf natürliche Weise in Ihren Händen spüren können.
7. Der Verstand wird sich oft einschleichen und versuchen, die Macht zu übernehmen. Das ist normal und natürlich. Schämen Sie sich nicht dafür, dass Sie den Fokus verloren haben, sondern bringen Sie Ihren Fokus sanft zurück zu Ihrem Atem und der Stille.

Die tägliche Wiederholung dieser einfachen Meditation wird Ihnen helfen, Ihre Präsenz zu kultivieren und Ihre Fähigkeit zu entwickeln, diese friedliche Stille anzuzapfen. Ein Raum ohne Gedanken. Ein weiterer Vorteil der Meditation ist die Trennung von Ihrem Sein und Ihrem vom Verstand geschaffenen Ego. Ich verwende den Begriff Ego nicht in abwertender Weise, um einen Egomanen oder Züge des Narzissmus zu beschreiben. Ich benutze das Wort Ego, um die Persönlichkeit, den Charakter oder das Individuum zu beschreiben, für das Sie sich halten, im Grunde genommen alles, wofür Sie sich halten: Ihr Name, Ihre Berufsbezeichnung, Ihre politischen Ansichten, Ihre Leidenschaften und Ihre Werte wurden alle irgendwann einmal erfunden. Sie existieren auf keiner anderen Ebene als in Gedankenformen. Jeder physische oder greifbare Beweis, der das Gegenteil beweisen würde, wurde einfach aus den erfundenen Gedankenformen heraus manifestiert. Sie mögen viele Zertifikate haben, die besagen, dass Sie eine bestimmte Fertigkeit beherrschen oder eine bestimmte berufliche Laufbahn eingeschlagen haben, aber keine dieser früheren

Auszeichnungen, Trophäen oder Bestrebungen sind in Wirklichkeit das, was Sie wirklich sind. Das soll nicht heißen, dass es keine wunderbaren Karrieren und Leben gibt, die man führen kann, es soll Sie nur darauf aufmerksam machen, dass nichts absolut wahr ist. Aus diesem Grund sind wir in der Lage, unser Unterbewusstsein mit neuen Gedankenformen über uns selbst neu zu programmieren. Alles ist oder war irgendwann einmal erfunden.

Der Beginn einer Meditationspraxis und das Lesen spiritueller Bücher gaben mir ein ganz neues Gefühl des Seins. Ich empfehle es jeden, besonders, wenn man an einer Krankheit wie RE leidet. Nehmen Sie sich täglich zehn Minuten Zeit, um ab heute zu meditieren! Normalerweise meditiere ich gleich morgens. Ich wache auf, lächle, rehydriere und setze mich sofort hin, um zu meditieren. Das ist der Beginn meines täglichen Morgenrituals geworden. Mit Übung kann man in einen ganz neuen Seinszustand eintreten. Einen, den RE nicht erreichen kann.

Zwei Bücher, die ich zum Thema Spiritualität und Meditation sehr empfehle, sind: "Jetzt! Die Kraft der Gegenwart" von Eckhart Tolle und "Eine neue Erde" vom selben Autor.

Kapitel 5: Positive Handlungen und positive Süchte

Es gibt unzählige schädliche und potenziell lebensverkürzende Suchtszenarien, in denen wir uns befinden können. Verheerende Abhängigkeiten von Drogen, Alkohol, Nikotin und Glücksspiel breiten sich in unserer Welt aus und haben unzählige Leben zerstört. Wir alle haben die schreienden Wanderer auf der Straße oder die Betrunkenen in der Gasse gesehen.

Aber was ist mit den positiven Abhängigkeiten, die wir in unser Leben einladen können? Was ist mit den Glücklichen und den Siegern? Was ist mit dem Spitzensportler, dem Weltklasse-Musiker oder dem Unternehmer, dessen Geschäfte in die Höhe schnellen? Was haben sie, das die Mehrheit nicht hat? Ich glaube, dass ihr Erfolg hauptsächlich auf eine unstillbare Sucht nach Fortschritt, Gewinnen und dem Erreichen von Zielen zurückzuführen ist.

Als Kind war ich besessen davon, meinen Charakter in meinem Lieblingsvideospiel zu perfektionieren. Mit jedem Kampf wurde er stärker und stärker und mit jedem Sieg sammelte er Erfahrung. Ich wurde süchtig nach der Entwicklung meines Charakters, bis ich schließlich das Spiel beendet und den Bösewicht zerstört hatte, der die Welt meines fiktiven Protagonisten bedrohte. Außerhalb der Videospiele war ich ein relativ faules Kind. Ich schlief lange, schob Hausaufgaben auf und lernte nur das Nötigste, um über die Runden zu kommen. Als ich erwachsen wurde und mich mit verschiedenen Aktivitäten wie Klavierspielen,

Kampfsporttraining und Kunst beschäftigte, merkte ich, dass sich meine Sucht nach dem positiven Wachstum von Videospielen tatsächlich auf meine Aktivitäten in der realen Welt übertragen hatte. Ich verbesserte mich bei meinen Hobbys und Bemühungen, weil ich den gleichen Schwung fühlte, den ich hatte, als ich meinen Videospielcharakter ausbildete. Mir wurde klar, dass dieser Schwung nicht nur auf Videospiele und Hobbys beschränkt war. Als Erwachsener kam derselbe Kick auch dann auf, wenn ich im Fitnessstudio ein tolles Training absolviert, ein finanzielles Ziel erreicht oder ein neues Buch studiert und mein Wissen erweitert hatte. Irgendwann war ich süchtig nach Wachstum und Fortschritt geworden. Es mag auf natürliche Weise geschehen sein. Vielleicht wurde es von hart arbeitenden Eltern weitergegeben. Aber ich bin fest davon überzeugt, dass Sie unabhängig von Ihrem Hintergrund oder Ihrer Situation Ihr Gehirn trainieren können, diese positiven Abhängigkeiten zu entwickeln, so wie Sie vielleicht als Kind einen gewissen Schwung entwickelt haben, indem Sie Ihren Lieblingscharakter im Videospiel trainiert oder einen neuen Skateboardtrick gemeistert haben.

Wenn Sie etwas erreicht haben, feiern Sie Ihre Leistung! Erkennen Sie sie an und besitzen Sie sie. Wenn Sie feststellen, dass Sie mit einem Auslöser von RE umgegangen sind, ohne sich emotional mit ihm zu verbinden, dann feiern Sie dies. Wenn Sie den Ex-Partner Ihres Partners auf der Straße gesehen haben und mit dem Auslöser besser umgegangen sind, als Sie es vorher getan hätten, dann feiern Sie Ihr Wachstum. Fangen Sie an, gute Gefühle mit Ihren Leistungen zu verbinden, Sie haben es sich verdient. Ich meine nicht, dass Sie ein Bier aufmachen und wild werden sollen (Alkohol wirkt sich oft drastisch negativ auf RE aus und kann Ihre Fähigkeit, mit Auslösern umzugehen, beeinträchtigen). Ein kleiner Glücksrausch reicht aus, um den Kreislauf des positiven Wachstums fortzusetzen und zu vollenden. Glück bringt mehr Glück hervor, und Glück ist Macht. Es ist lebensbejahend. Glück ist ein mächtiges Werkzeug, das Sie für Ihre Heilung einsetzen können. RE kann nicht lange in den rauschenden Wellen des wahren Glücks schwimmen, das mit Fortschritt und Freude an Ihrem Handwerk, Ihrer Karriere oder Ihren Hobbys verbunden ist. Ihre positive Ergänzung zusammen mit Ihren neuen Methoden, mit Auslösern umzugehen, wird ein dynamisches, den Zustand veränderndes Duo bilden, das Ihnen auf Ihrem Weg zu einem Leben ohne RE behilflich sein wird.

Affirmationen

Affirmationen sind ein brillanter Weg, um den jeweiligen Zustand, den Sie zu verbessern versuchen, voranzutreiben. Ich tausche oft meine Affirmationen darüber aus, in welchen Zustand ich in einer bestimmten Zeit meines Lebens eintreten möchte. Wenn ich zum Beispiel Vertrauen aufbauen möchte, dann werde ich zehn oder mehr vertrauensfördernde Affirmationen pro Tag praktizieren. Wenn ich mich in einer Phase meines Lebens befinde, in der ich meine Schüchternheit überwinden und besser im Umgang mit Menschen werden möchte, werde ich zehn oder mehr Affirmationen rezitieren, die mir Mut und Tapferkeit einflößen können. Wiederholen Sie diese Affirmationen Tag für Tag, Woche für Woche und Monat für Monat und sehen Sie, was passiert. Die Affirmationen werden in Ihr Unterbewusstsein eindringen und Sie werden Ihr Gehirn trainieren, ihnen zu glauben. Dies ist eine kraftvolle Methode, die auch zur Manifestation von materiellem oder finanziellem Erfolg eingesetzt wird. Wie im vorigen Kapitel erwähnt, ist alles erfunden. Erfinden Sie also Ihre eigene Geschichte, Ihre eigene neue und verbesserte Version von sich selbst, frei von RE. Sie können sogar mit Affirmationen schlafen, die Ihnen per Aufnahme vorgespielt werden. Ich finde oft Affirmationsvideos, die mir gefallen, auf YouTube und schlafe dabei auch noch ein. Ich empfehle Ihnen, zehn oder mehr Affirmationen selbst zu erstellen, die Ihre positive Einstellung zu Ihrem Heilungsprozess fördern. Ich habe unten zehn für Sie erstellt. Wenn Sie sich komisch dabei vorkommen, sie laut auszusprechen, dann sagen Sie sie einfach in Gedanken oder leise zu sich selbst. Wenn Sie die Affirmationen nicht wirklich glauben, dann täuschen Sie dies vor, bis Sie sie tatsächlich glauben. Für manche Leser mag das wie Selbsthilfe-Hokuspokus klingen, aber wenn Sie es mit der Behandlung Ihrer RE ernst meinen, dann versuchen Sie es und überzeugen Sie sich selbst! Die Programmierung des Unterbewusstseins kann Ihr Leben verändern.

Positive Wachstums-Affirmationen

1. Ich bin mächtig.
2. Ich bin vollkommen genug.
3. Ich bin würdig.
4. Ich bin zuversichtlich.
5. Ich bin stark.
6. Ich bin attraktiv.
7. Ich bin erwünscht.
8. Ich fühle mich niemandem unterlegen.
9. Andere sehen zu mir auf.
10. Andere respektieren mich.

Kapitel 6: Unsere Selbstwahrnehmung ändern

Wie denken Sie über sich selbst? Ist Ihr Tag mit negativen Selbstgesprächen gefüllt? Murmeln Sie regelmäßig innerlich Dinge wie: "Ich hasse mich selbst, ich bin ein Verlierer, ich kann mich nicht mit ihm/ihr vergleichen" und so weiter? Ich hatte den ganzen Tag einen Strom dieses negativen Selbstgesprächs, jeden Tag, bis ich mir dessen bewusst wurde. Dieses innere negative Selbstgespräch ist wie ein giftiger Wasserfall, der unerbittlich durch Ihren Lebensstrom fließt. Sie müssen sich dieses inneren Dialogs bewusst werden und diese negativen Worte durch ihre positiven Gegensätze ersetzen. Aus "Ich hasse mich" wird "Ich liebe mich". Aus "Ich bin ein Verlierer" wird "Ich bin ein Gewinner". Wie albern, arrogant oder eingebildet dieses positive Selbstgespräch auch klingen mag, es ist für Ihre innere Entwicklung des Glücks unerlässlich. Versuchen Sie es mit einem offenen Geist und ernten Sie die Früchte. Ähnlich wie eine Haltung der Dankbarkeit zu positiveren Situationen in Ihrem Leben führen wird, wird diese innere Haltung des Vertrauens Selbstkraft und manifeste Positivität hervorbringen. Der negative Ausbruch anderer wird von Ihnen abprallen. Sie werden sich in Ihrer eigenen Haut so wohl fühlen, dass Ihre RE und deren Auslöser diesen selbstbewussten Lebensraum giftig und unerträglich finden werden. Ihre RE wird keine negative Nahrung haben, die sie essen und aus der sie wachsen kann. Schließlich entsteht und gedeiht Ihre RE wahrscheinlich aus Ihrer Unsicherheit und der Tatsache, dass Sie sich in Ihrer eigenen Haut nicht wohl fühlen und kein Selbstvertrauen haben.

Stellen Sie sich Ihre persönliche beste Version von sich selbst vor. Wie sehen sie aus? Was ist ihre primäre Einstellung? Wie reagieren sie auf bestimmte Situationen? Sind sie selbstbewusst und durchsetzungsfähig? Sind sie stark und zentriert? Sind sie kontaktfreudig und erfolgreich? Sind sie von Eifersucht geplagt und streben danach, andere zu kontrollieren oder sind sie entspannt, ruhig und brauchen keine externen Förderer?

Verbringen Sie ein paar Minuten damit, die Augen zu schließen und ein Brainstorming über Ihre ideale Version von sich selbst durchzuführen. Seien Sie so kreativ, wie Ihre Vorstellungskraft es Ihnen erlaubt. Halten Sie nichts zurück. Dieses Ideal sollte alle Eigenschaften haben, die Sie sich für Ihr Leben wünschen. Sobald Sie ein solides Bild dieses Ideals in Ihrem Kopf haben, müssen Sie sich verpflichten, täglich Schritte zu unternehmen, um diese Version von sich selbst zu werden. Das Leben ist einfach zu kurz, um nicht dieses Sie zu werden. Schreiben Sie mindestens zehn Charaktereigenschaften/physische Züge auf, die Ihre Idealversion von Ihnen besitzt. Ist Ihr Traumbild in unglaublicher Form? Das ist für Sie erreichbar. Ist Ihr Ideal, dass Sie vor Selbstvertrauen und Gelassenheit strotzen? Auch das ist für Sie erreichbar. Erwirbt Ihr Ideales Sie ein wesentlich höheres Einkommen, als Sie im Moment besitzen? Es hat in der Geschichte keinen besseren Zeitpunkt gegeben, um Online-Geschäfte aufzubauen und alternative Einkommensquellen zu finden, sowohl passive als auch aktive. Verfügt Ihr Ideal über ein unglaubliches Wissen, das das Leben bereichern kann? Wir leben im digitalen Zeitalter, in dem Sie Online-Kurse zu so ziemlich allem, was Ihnen einfällt, finden können, das letztlich Ihr Leben verbessern und bereichern wird, und das alles mit nur einem Mausklick. Sie können jedes Ergebnis erzielen, das Sie für sich selbst wünschen. Die Möglichkeiten, unser äußeres Erscheinungsbild zu verändern, mögen beschränkt sein (obwohl plastische Chirurgen heutzutage bemerkenswerte Ergebnisse erzielen), aber die innere Arbeit, die wir tun können, ist unglaublich transformativ, wenn wir sie mit Begeisterung und Enthusiasmus ausüben. Ich war einmal ein schüchternes, verängstigtes erwachsenes Kind. Heute bin ich ein selbstbewusster, zielstrebiger und erfolgreicher Mann. Dies geschah, indem ich mir zuerst mein ideales Selbst vorstellte und dann Stellung bezog, um diese Version von mir selbst zu werden und meinen Blick nicht vom Ziel abwandte - ein neues und verbessertes Ich.

Einige Eigenschaften, die ich mir wünschte (vor der Genesung von RE), waren folgende:

Eigenschaft 1: Selbstbewusst, durchsetzungsfähig und sich in der eigenen Haut wohlfühlend.

Wie ich diese Eigenschaft in der Realität erreicht habe:

- Programmierung meines Unterbewusstseins mit Hilfe von Selbstvertrauensaffirmationen (normalerweise während des Wegs zum Fitnessstudio und mittels Kopfhörer, wenn ich abends schlafen ging).
- Meinen Körper durch tägliches Training im Fitnessstudio in Form bringen.
- Muay Thai lernen und Selbstverteidigungsfähigkeiten und Disziplin entwickeln.

Eigenschaft 2: Von RE unbeeinflusst. Unbeeinflusst von aufdringlichen Gedanken und Auslösern.

Wie ich diese Eigenschaft in der Realität erreicht habe:

- Tägliche Meditationsarbeit, Praxis des Lebens im Jetzt.
- Atem-/Meditationsarbeit, um die Trigger-Gedanken loszulassen, wenn sie auftauchen.
- Üben, aufdringliche Gedanken zuzulassen, ohne zu versuchen, sie zu stoppen oder sich emotional mit ihnen zu verbinden.

Eigenschaft 3: Ein Gefühl der Stärke und in der Lage zu sein, mich selbst zu verteidigen. Ich fühle mich nicht mehr körperlich schwach und verletzlich.

Wie ich diese Eigenschaft in der Realität erreicht habe:

- Meinen Körper durch tägliches Training im Fitnessstudio in Form gebracht.
- Das Erlernen von Muay Thai und die Entwicklung von Selbstverteidigungsfähigkeiten und Disziplin. Sparring in Muay-Thai-Klassen (mich gegen Männer zu behaupten, die körperlich größer waren als ich, wirkte Wunder für mein Selbstwertgefühl).
- Mit der Zeit höhere Ränge im Muay Thai erreicht.

Eigenschaft 4: Positive Stimmung, Fröhlichkeit, allgemeines Wohlbefinden.

Wie ich diese Eigenschaft in der Realität erreicht habe:

- Tägliche Dankesbekundungen als Teil meines Morgenrituals (siehe Kapitel 7).
- Änderung meiner Ernährung. Tägliche Säfte und Smoothies, um meine Stimmung von innen heraus zu verbessern.
- Täglicher Zeitplan für das Fitnessstudio.

- Tägliches Lesen von spirituellen und Selbsthilfebüchern.

Eigenschaft 5: Finanziell besser gestellt zu sein. Nicht mich selbst finanziell mit anderen zu vergleichen.

Wie ich diese Eigenschaft in der Realität erreicht habe:

- Ich habe mein eigenes Online-Geschäft gegründet.
- Ich habe neue passive Einkommensströme geschaffen. Höheres Einkommen durch eine strengere Arbeitsethik.
- Ich begann zu investieren.
- Ich studierte viele Investitions- und Businessbücher.

Eigenschaft 6: Ein höheres Niveau an Intellekt und Wissen.

Wie ich diese Eigenschaft in der Realität erreicht habe:

- Ich habe viele Online-Kurse und -Bücher studiert. Viele davon haben mit Finanzen, Investitionen und Wirtschaft zu tun.
- Tägliches Lesen als Teil meines Morgenrituals.

Eigenschaft 7: Verbesserter körperlicher Ausdruck.

Wie ich diese Eigenschaft in der Realität erreicht habe:

- Ernährungsumstellung.
- Einführung eines wöchentlichen Trainingsplans.
- Hydratisiert bleiben.
- Einführung einer täglichen Hautpflegeroutine.
- Das Wechseln der Produkte, die ich auf mein Gesicht auftrage.

- Mit den Friseurterminen Schritt halten und nicht ungepflegt erscheinen.
- Routinemäßige Pflege der Haut.
- Zahnarzttermine beachten und Zahnreinigungen regelmäßig durchführen.

Eigenschaft 8: Eine starke Arbeitsethik. Keine Faulheit oder Verspätung.

Wie ich diese Eigenschaft in der Realität erreicht habe:

- Tägliches Anhören von Podcasts und Hörbüchern von Selbsthilfelehrern.
- Erhöhte Arbeitsethik durch Entschlossenheit zur Veränderung.
- Tägliches Setzen von Zielen an der Tafel (das Durchstreichen von Zielen von der Tafel ist süchtig machend und löst Begeisterung aus)
- Stellung eines Weckers und Neuprogrammierung der Körperschaltuhr, um zu einem früheren Zeitpunkt aufzuwachen.
- Durchführung eines Morgenrituals.
- Verkürzung der Fernsehzeit und deren Ersetzung durch Lernen, Arbeiten oder produktive Aktivitäten.

Eigenschaft 9: Sympathisch, konversationsfreudig und ein Vergnügen, präsent zu sein.

Wie ich diese Eigenschaft in der Realität erreicht habe:

- Durch tägliche Meditationspraxis den Geist von unnötigen Gedanken und emotionalem Ballast befreien.

- In der Gegenwart auf dem Boden bleiben.
- Aufhören, andere Menschen als separate Einheiten oder als Bedrohung zu sehen, indem ich Bücher über Spiritualität lese.
- Anderen Menschen begegnen, ohne ein erstes Urteil zu fällen oder Annahmen über ihren Charakter zu treffen.
- Friedlich lächeln, auch in unbequemen oder unerwünschten Situationen.
- Öfter zuhören als sprechen.

Eigenschaft 10: Mehr geben, lieben und mit der Welt teilen.

Wie ich diese Eigenschaft in der Realität erreicht habe:

- Nützliches Wissen mit anderen teilen, das ich durch Lebenserfahrung und dem Studium bestimmter Themen gewonnen habe.
- Mein Wissen anderen leicht und kostenlos zur Verfügung stellen.
- Einen Prozentsatz meines neu erworbenen Einkommens einem guten Zweck zukommen lassen.
- Anderen helfen, ohne eine Gegenleistung zu erwarten.

Eigenschaft 11: Geduld und Freundlichkeit, auch wenn ich mit argumentativen Konflikten oder schwierigen Menschen konfrontiert werde.

Wie ich diese Eigenschaft in der Realität erreicht habe:

- Tägliche Meditationspraxis mit einem starken Fokus auf meine Wutprobleme.

- Studium mehrerer Selbsthilfebücher, die sich mit Psychologie befassen, um ein tieferes Verständnis der menschlichen Existenz zu erlangen.
- Mit meiner einfühlsamen Seite in Kontakt kommen.
- Anwendung von Geduld und Präsenzübungen bei persönlichen Beziehungskonflikten oder -situationen. Mit der Angst vor Konfrontationen arbeiten.

Vielleicht haben Sie bemerkt, dass ich einige Aktivitäten, die darauf abzielen, sich selbst immer wieder zu verbessern, öfters erwähnt habe, wie z. B. das Training im Fitnessstudio, das Studium von Büchern/Kursen und die Durchführung eines Morgenrituals. Das liegt daran, dass sie funktionieren! Wiederholung ist für Ihren Erfolg unerlässlich. Trainieren Sie nicht nur einmal und lassen Sie dann Ihre Sporttasche verstauben. Lesen Sie nicht einfach das erste Kapitel eines neuen Selbsthilfebuches und stellen Sie es in ein Regal, damit es nie wieder in die Hand genommen wird. Machen Sie sich die Entwicklung dieser Eigenschaften zur Gewohnheit und sie werden wirklich lebensverändernd sein.

"Ich fürchte nicht den Mann, der einmal 10.000 Tritte geübt hat, aber ich fürchte den Mann, der einen Tritt 10.000 Mal geübt hat." Bruce Lee

Schreiben Sie Ihre eigenen Eigenschaften auf, die Sie gerne besitzen würden und beginnen Sie noch heute damit, darauf hinzuarbeiten! Ihre ideale Version von sich selbst kann Wirklichkeit werden. Ein von RE befreiter Mensch kann Wirklichkeit werden. Sobald Sie sich von Ihrer RE erholt haben, können Sie diese neue Arbeitsmoral für den Rest Ihres Lebens bei allen Unternehmungen mitnehmen. RE zu schlagen ist eines der härtesten Dinge, die Sie durchmachen müssen. Aber die transformative Kraft, die sich aus ihrer

Genesung ergibt, hat volles Potenzial. Mit dieser neu gewonnenen lebensbejahenden Kraft, Dynamik und Arbeitsethik können Sie alles erreichen. Sie haben die Kontrolle. Gestalten Sie Ihr Leben so, wie Sie es wollen, indem Sie sich zunächst von innen heraus verändern.

Hören Sie auf, sich mit anderen zu vergleichen

In meinen Jahren vor der Genesung von RE fand ich mich regelmäßig dabei wieder, meine Größe, meinen Körper, meine Finanzen, meine Persönlichkeit, mein Aussehen und so ziemlich alles andere, was man sich vorstellen kann, mit den Ex-Geliebten meiner Partnerin zu vergleichen. Das war eine absolute Zeitverschwendung. Selbst wenn ich mich vorübergehend in einem Aspekt überlegen fühlte, gab es schnell ein anderes gegensätzliches Attribut, das mein Verstand heraufbeschwörte, um mich wieder zu deprimieren und mich von diesem speziellen Ex besessen zu machen. Sich mit anderen in einem mentalen Überlegenheitstest zu vergleichen, ist ein vergebliches, qualvolles und zeitraubendes Unterfangen. Dabei werden Sie niemals Frieden finden und es wird Ihrem Geist nur noch mehr Nahrung geben, an der sich Ihre RE erfreuen und wachsen kann. Eines der wenigen Male, an denen es von Vorteil sein wird, sich mit anderen zu vergleichen, ist, wenn Sie von ihnen lernen und wachsen.

Ich blätterte durch die Social-Media-Beiträge meiner Partnerin aus vergangenen Jahren, um einen Blick auf ihre Ex-Freunde zu werfen. Ich versuchte, meine Größe oder mein Aussehen mit ihnen zu vergleichen. Während ich durch diese Beiträge blätterte, befand ich mich in einem tranceähnlichen Zustand voller Panik, meine Hände zitterten und mein Verstand war sehr wachsam. Ich fühlte mich, als ob ich mit einer Art Virus infiziert wäre. Alles, was diese Aktivitäten taten, war, Nahrung für meine RE zu produzieren. Wie kann man RE verhungern lassen? Man hört auf, ihr Essen zu servieren. Wenn man sich mit den Ex-Freunden seines Partners vergleicht, serviert man eines von REs Lieblingsessen. Sie kann sich jahrelang von diesem Geistesfutter ernähren und Sie tagein, tagaus quälen.

Wenn Sie sich gezwungen fühlen, sich mit den Ex-Freunden Ihres Partners zu vergleichen, dann versuchen Sie, sich sofort wachsam auf sich selbst zu konzentrieren, tief durchzuatmen, präsent zu werden und sich an Ihre Verpflichtung zur Veränderung zu erinnern. Erinnern Sie sich an die süßen Vorteile der Veränderung. Ich musste mich manchmal schnell davon losreißen, bevor ich mich auf eine Nacht des Scrollens in den sozialen Medien und des darauffolgenden unvermeidlichen Verhörs einließ, das ich meiner Partnerin aufbürdete. Sie haben es nicht verdient und es liegt in Ihrer Verantwortung, sich zu ändern.

Sie sind das einzige existierende Sie. Sie sind eine einzigartige, schöne, intelligente Schöpfung und Sie sind würdig. Sie sind nicht weniger als wünschenswert. Sie sind eine großartige Schöpfung des Universums.

Kapitel 7: Glück ist mächtig

Wenn Sie wirklich glücklich sind, von ekstatischer Energie erfüllt und so aufgeregt, dass Sie das Gefühl haben, Mauern niederreißen zu können, dann sind Sie im Besitz einer mächtigen, lebensbejahenden Kraft. Diese Glücksenergie ist die kreative Quelle für Kunst, Musik, Literatur und so ziemlich jedem anderen Ausdruck der Leidenschaft. Sie wird auch eine wichtige Kraft sein, die Ihnen bei der Genesung von RE helfen wird. Vielleicht haben Sie den ersten Satz dieses Kapitels gelesen und gedacht: "Voller ekstatischer Energie und so aufgeregt, dass Sie das Gefühl haben, Sie könnten Mauern niederreißen? Für wen hält sich dieser Autor? Ich fühle mich nie so." Das liegt daran, dass Ihr Geist von Bildern Ihrer Partner aus der Vergangenheit überwältigt wurde und Sie unerbittlich quält und Ihnen wertvolle Lebensenergie entzieht. In diesen quälenden Zuständen ist es am schwierigsten, unser Glück zu beschwören und einen Zustand der Heilung herbeizuführen. Aber es ist nicht unmöglich. Denken Sie an die Zeit zurück, bevor Sie unter RE litten, vielleicht als Sie noch ein Kind waren. Sie wurden nicht mit diesen schmerzhaften Gedanken von RE bombardiert. Ihr Verstand hatte viel Platz, um sich auf all die wunderbaren Spielsachen, Aufgaben und Aktivitäten zu konzentrieren, an denen Sie sich erfreuen konnten. Wenn Sie getriggert wurden und vorübergehend traurig oder unglücklich waren, lag das wahrscheinlich an einer unmittelbaren Situation, in der Sie sich befunden haben, wie z. B. dass Sie den Keks nicht bekommen haben oder dass man Ihnen gesagt hat, dass Sie Hausarbeiten erledigen sollen. (Dies setzt voraus, dass Sie in einer gesunden Familie aufgewachsen sind. Wenn Sie in einer toxischen Familie aufgezogen wurden, ist wahrscheinlich noch viel zusätzliche Arbeit mit einem Therapeuten zu erledigen. Ich empfehle Ihnen dringend, einen guten Therapeuten zu suchen, der Ihren Weg zur Genesung beschleunigen wird). Als Erwachsene wird unser Verstand überaktiv, normalerweise aufgrund unserer täglichen Pflichten wie das Bezahlen der Rechnungen, das Füttern der Kinder und so weiter. Ohne die nötige Arbeit an uns selbst, um uns darin zu üben, unseren Geist zu klären und zu friedlicheren Bewusstseinszuständen zu gelangen, geraten wir oft in das mentale Rattenrennen unerbittlicher, angstbesetzter Gedanken. Wir betrachten dies als die Norm in unserer Gesellschaft und die meisten von uns durchleben ihr ganzes Leben lang auf diese Weise. Als Sie ein Kind waren, haben Sie sich wahrscheinlich immer nur auf eine Sache konzentriert, auf das, was unmittelbar vor Ihnen lag. Das können Sie als Erwachsener auch praktizieren. Es ist eine fast meditative Übung, die Ihnen hilft, sich auf den gegenwärtigen Moment einzulassen und sich voll und ganz auf die anstehende Aufgabe zu konzentrieren. Versuchen Sie es jetzt. Atmen Sie mehrmals tief in den Bauch ein. Konzentrieren Sie sich jetzt zehn Sekunden lang voll auf diese Seite. Andere Gedanken versuchen vielleicht, Sie abzulenken und kommen und gehen, aber halten Sie einfach Ihren Fokus und schauen Sie auf die Seite. Wenn Ihnen das gelingt, dann versuchen Sie es 30 Sekunden, dann eine Minute und so weiter. Sie werden wahrscheinlich feststellen, dass die Qualität Ihrer Arbeit sehr von dieser Praxis profitiert, da Ihre Gedanken nicht woanders sein werden. Sie haben Ihr Geschenk der Kindheit, sich auf den gegenwärtigen Augenblick zu konzentrieren, neu erlernt. Versuchen Sie nun diesen Fokus auf etwas, das Spaß macht. Es gibt einen Grund, warum viele Adrenalinjunkies und Draufgänger Extremsportarten, Rennen und

Fallschirmspringen lieben. Es dauert eine Zeit lang, bis sie sich voll und ganz darauf konzentrieren können.

Fokus auf glückbringende Ziele

Wenn Sie Ihren Fokus von diesen aufdringlichen Gedanken von RE nehmen und sie durch glückbringende Aufgaben, Gedanken oder Aktivitäten ersetzen, dann werden Sie mit der Aufregung, dem Mut und der lebensbejahenden Kraft erfüllt, die Sie brauchen, um sich von RE zu erholen. Zu diesen Gedanken gehörte für mich auch das Brainstorming meiner Ziele für ein bestimmtes Jahr. Das können finanzielle, künstlerische oder arbeitsbezogene Ziele sein, die mich begeistern. Dieses Buch, das Sie gerade lesen, war eines meiner Ziele. Zum Beispiel: Dieses Buch hat mich bei seiner Entstehung begeistert, weil ich wusste, dass ich zahllosen Menschen auf der ganzen Welt, die an RE leiden, helfen kann, gesund zu werden und ihr Leben zu verändern. Was sind einige Ziele, die Sie begeistern und die Sie gerne erreichen würden? Schreiben Sie diese auf und behalten Sie sie in der Nähe, um sie regelmäßig zu überprüfen. Ich schreibe meine Ziele gerne auf einer großen Tafel in meinem Büro auf. Wenn ich ein erreichtes Ziel von meiner Liste streiche, bekomme ich einen großen Schwung und ein Gefühl der Begeisterung.

Glück durch Dankbarkeit

Ein transformatives Werkzeug, das mir bei meiner Genesung half, war die Entwicklung eines großen Gefühls der Dankbarkeit. Ich übe dies täglich unermüdlich (normalerweise auf dem Weg zum und vom Fitnessstudio). Ich bemerke immer, dass mich zu diesem Teil meines Tages eine riesige Welle des Glücks überkommt. Ich nehme diese Dankbarkeitspraxis in mein Morgenritual auf. Dabei geht es darum, laut auszusprechen, wie dankbar ich für bestimmte

Dinge in meinem Leben bin. Sie können von Tag zu Tag variieren und von dummen kleinen Dingen wie: "Ich bin so dankbar, dass das Wetter heute toll ist" bis hin zu wichtigeren Ereignissen reichen wie: "Ich bin so dankbar und glücklich, dass meine Eltern gesund sind und ich sie anrufen kann, wann immer ich will." Sobald Sie anfangen, diese dankbaren Sätze laut auszusprechen, werden Sie auf einer Frequenz der Dankbarkeit zu vibrieren beginnen. Vielleicht bemerken Sie, dass Sie anfangen, mehr gute Dinge in Ihr Leben zu ziehen. Ich empfehle Ihnen dringend, dies selbst auszuprobieren, ob Sie an die Kraft der Manifestation und das Gesetz der Anziehung glauben oder nicht. Versuchen Sie es mit einem offenen Geist und fällen Sie dann Ihr Urteil. Meine Erfahrung war, dass ich anfing, wunderbare Dinge in mein Leben anzuziehen. Meine Familie war glücklich, meine Finanzen wuchsen und meine Karriere begann wunderbar zu laufen, nur indem ich sagte, wie dankbar ich für das war, was ich jeden Tag hatte. Wenn Finanzen für Sie ein Stressauslöser sind (oder ein Auslöser für RE, indem Sie sich mit den Exfreunden Ihrer Partner vergleichen), dann versuchen Sie sich daran zu erinnern, dass der Großteil der Weltbevölkerung von etwa zwei Dollar pro Tag lebt. Wenn Sie dieses Buch auf einem Telefon, Computer oder iPad lesen, dann macht Sie das im Vergleich zum Großteil der Weltbevölkerung reich und wohlhabend! Wenn Sie für diese Tatsache regelmäßig Dankbarkeit zeigen, dann werden Sie anfangen, mehr davon in Ihr Leben zu ziehen.

Ich hatte einmal einen Freund, der überzeugt war, er sei verflucht. Er erzählte jeden Tag davon, dass ihn niemand liebte, dass er Unglück anzog und dass er ein Verlierer sei. Wie Sie sich denken können, manifestierte sein Verhalten die entsprechenden Ergebnisse einer solchen Denkweise. Er wurde sogar zweimal im Abstand von nur wenigen Wochen körperlich verprügelt, was eine schreckliche Qual ist, aber es schien, als ob das Universum auf seine Bitten hörte. Es war, als ob er dem Universum sagen würde: "Schlagt mich zusammen, ich bin Abschaum." Mein Freund verlor bald seine Karriere, seine Freunde, sein Zuhause, seine Freundin und so ziemlich alles Gute, was er hatte. Auch sein Gesundheitszustand verschlechterte sich, da er sich mit Zigaretten und Alkohol ernährte und Tag für Tag nur noch Brot mit Ketchup aß. Er hätte sein Leben umkehren und glücklich werden können, wenn er seine Perspektive zu Dankbarkeit und Glück geändert hätte. In Wirklichkeit war er talentiert, attraktiv, lustig, freundlich und ein großartiger Zeitgenosse, wenn er nicht gerade in seiner üblichen negativen Flaute steckte. Er hätte leicht alles haben können, was er im Leben wollte und es ist noch nicht zu spät für ihn. Hoffen wir, dass er die Lektionen, die in diesem Buch enthalten sind, an anderer Stelle lernt und sein Leben in vollen Zügen lebt, ohne einen weiteren Tag zu vergeuden. Ich denke oft an die Geschichte von Aladin und seiner magischen Lampe. Aladin reibt an der Lampe und der Geist erscheint. "Euer Wunsch ist mir Befehl", sagt der Geist. Das ist so ähnlich wie das Universum, das auf Ihre Wünsche und Bitten hört. Das Universum ist unvoreingenommen und hört auf alles, was Sie ihm senden. Warum versuchen Sie nicht, jeden Tag zu sagen, wie dankbar Sie sind, frei von RE zu sein? Selbst wenn Sie noch nicht vollständig genesen sind, fangen Sie an, so zu handeln, als ob Sie es wären und Sie werden von innen heraus zu heilen beginnen.

Ein Buch, das ich unbedingt empfehlen möchte, falls Sie es noch nicht kennen, ist "The Secret" von Rhonda Byrne.

Einige Beispiele für dankbare Aussagen, die Sie jeden Morgen laut aussprechen könnten, sind:

- Ich bin so dankbar für meine Gesundheit.
- Ich bin so dankbar, dass mein Sohn glücklich und gesund ist und ich habe eine wunderbare Beziehung zu ihm.
- Ich bin so dankbar für meine Karriere.
- Ich bin so dankbar für meine Arbeitsethik.
- Ich bin so dankbar, dass ich jeden Tag gesunde Nahrung zu mir nehmen kann.
- Ich bin so dankbar für meine wunderbare Beziehung.
- Ich bin so dankbar für meine Talente.
- Ich bin so dankbar, dass ich an einem der unglaublichsten Orte lebe, an dem ich je leben wollte.
- Ich bin so dankbar, dass ich ein großartiges Sehvermögen habe.
- Ich bin so dankbar für all die Schwierigkeiten, die ich durchgemacht habe, denn sie haben mich stark gemacht und mir neue Intelligenz, Kraft und Fähigkeiten verliehen.

Dies sind nur einige Beispiele, aber viel Spaß beim Verfassen Ihrer eigenen dankbaren Aussagen. Seien Sie kreativ und sagen Sie dies laut und mit einem Lächeln im Gesicht. Sie können zusehen, wie sich Ihre Welt vor Ihren Augen verändert!

Glück durch Aktivitäten

Während ich mich in der Freude an Aktivitäten verliere, stelle ich fest, dass mein Geist nicht auf negative, schmerzhafte Gedanken konzentriert ist. Dies ist ein besonders hilfreiches Hilfsmittel bei der Transformation von RE. Während einer Aktivität, die Sie gerne ausführen, glücklich zu sein, ist ein

Weg, sich mit lebensbejahender Glückskraft zu füllen. Diese Kraft wird Ihre Heilungsreise positiv befeuern. Dies ist keine Methode, um Ihre RE lediglich vorübergehend zu bekämpfen. Das Ziel besteht nicht darin, ein Pflaster auf die Wunde zu kleben, um sie für eine Weile zu bedecken, noch uns von dem tief verwurzelten Thema abzulenken. Es geht einfach darum, mehr Glück und Kraft in unser Leben zu bringen, so dass wir RE mit unseren durch Lebensfreude aufgeladenen Batterien angehen können. Einige Aktivitäten, die mir Glück und Kraft geben, sind Klavierübungen, Muay Thai, Training, Lesen/Lernen und Kunstschaffen. Beachten Sie, wie die genannten Aktivitäten mir helfen, mich weiterzuentwickeln, sei es, um ein neues Niveau auf einem Instrument zu erreichen, meine körperliche Kondition zu steigern oder mein Wissen durch Lesen zu erweitern. Wachstum durch Aktivitäten ist nicht unbedingt erforderlich, aber Sie werden vielleicht feststellen, dass es Ihnen zusätzlichen Schwung verleiht, da das Gefühl von Fortschritt und Wachstum uns oft mit Begeisterung erfüllt. Nach einer Sitzung, in der ich mich in diesen wachstumsfördernden Aktivitäten verloren habe, finde ich mich mit einem frischen Geist und einem Erfolgserlebnis wieder, das mir zusätzliche Kraft und Stärke für andere Aufgaben verleiht, wie zum Beispiel RE zu besiegen! Ich bin der festen Überzeugung, dass Glück wahre Macht ist. Eine Möglichkeit, glücklich zu sein, besteht darin, inmitten der äußeren Formen zu tanzen, die das Universum bietet und die lebensbejahende Kraft in andere Formen auszustrahlen. Eine Aktivität, die für meine persönliche Überwindung von RE wesentlich war, war ein regelmäßiger Trainingsunterricht. Der tägliche Endorphinschub war ein chemischer Zusatzschub, der mir oft zu friedlicheren Zuständen verhalf. Das half mir sehr, mit Auslösern und negativen Gedankenmustern umzugehen.

Kapitel 8: Großartige Lehrer finden

Eine Sache, für die ich jeden Tag dankbar bin, ist die Tatsache, dass wir auf Knopfdruck Zugang zu unzähligen Lehrern haben. Indem wir einfach unsere Smartphones in die Hand nehmen, können wir auf unzählige Stunden kostenloses Wissen von spirituellen Lehrern, Therapeuten, Selbsthilfe-Coaches und mehr zugreifen. Es gibt keine Entschuldigung dafür, in der heutigen Zeit nicht zu lernen und zu wachsen. Längst vorbei sind die Zeiten, in denen man in die Bibliothek gehen musste, um ein Buch für ein oder zwei Wochen auszuleihen - obwohl auch diese Möglichkeit noch besteht. Ich höre oft die Anleitung spiritueller Lehrer, Unternehmer-Podcasts und das hilfreiche Wissen von YouTubern, während ich in meinem Auto fahre oder im Fitnessstudio trainiere. Obwohl ich gerne täglich Musik genieße, stelle ich immer sicher, dass mir auch ein stetiger Strom neuer, nützlicher, positiver Informationen zur Verfügung steht, die meinen Verstand und mein Unterbewusstsein aktivieren.

Einige meiner spirituellen Lehrer sind Eckhart Tolle, Adyashanti, Mooji und Sadhguru. Ihre Lehren haben mir geholfen, einen neuen Bewusstseinszustand zu erreichen, in dem meine alten negativen Gewohnheiten sich nicht mehr halten können. Einen spirituellen Lehrer zu finden, der Ihnen zusagt und sein Wissen in eine tägliche Meditationspraxis einzubringen, ist ein sicherer Weg, um Ihre RE-Genesung zu fördern und Ihnen Zugang zu einem höheren Bewusstseinszustand zu verschaffen. Sobald Sie Ihre RE geheilt haben, werden Sie in der Lage sein, Ihre transformierenden Werkzeuge überallhin im Leben mitzunehmen. Es wird nicht nur Ihre RE transformiert sein. Sie können große Bereiche Ihres Lebens umwandeln, wenn Sie sich dafür entscheiden. Wahrscheinlich werden Sie das tun, sobald Sie den Schwung haben, Ihre RE-Schmerzen in positive Lebensenergie umzuwandeln.

Ein Buch, das mein Leben verändert hat, ist "Jetzt! die Kraft der Gegenwart" von Eckhart Tolle. Seine Lehre besagt, dass weder die Vergangenheit noch die Zukunft existiert, sondern nur das Jetzt. Die Menge an Wahrheit, die aus den Seiten von Eckharts Buch ausströmte, reichte aus, um mein Leben für immer zu verändern und mich daran zu hindern, zu der Art und Weise zurückzukehren, wie ich früher die Welt gesehen hatte. Dies war eine transformative Lebensweise, die schließlich die Macht, die die Vergangenheit über mich hatte, auslöschte. Ich hatte so viel Zeit meines Lebens damit verbracht, in der Vergangenheit zu leben, und so viel Zeit damit verbracht, mir Sorgen um die Zukunft zu machen, dass ich vernachlässigt hatte, dass alles, was ich jemals hatte und jemals haben würde, genau jetzt in diesem Moment ist. Eine einfache und doch tiefgreifende Erkenntnis. Obwohl sie nicht direkt mit Eifersucht oder Beziehungen zu tun hat, bleibt Eckhart Tolles Buch ein mächtiger Begleiter an meiner Seite, wann immer das Leben mich emotional oder mental herausfordert. Dieses Buch war eine Pflichtlektüre auf meinem Weg der Transformation meiner RE.

Einen guten Therapeuten finden

Eine wirkungsvolle Möglichkeit, mehr über sich selbst herauszufinden und wirklich an die Wurzel Ihrer Probleme zu gehen, ist die Zusammenarbeit mit einem Therapeuten. Es ist wichtig, einen Therapeuten zu finden, der Ihnen zusagt und

Ihre Sitzungen mit ihm zu genießen. Es könnte einige Versuche dauern, bis Sie einen Therapeuten finden, bei dem Sie sich voll und ganz wohl fühlen. Wenn Ihnen der erste Therapeut zusagt, den Sie finden, dann gehen Sie einfach mit ihm. Verpflichten Sie sich zu einer wöchentlichen Sitzung für eine bestimmte Zeitspanne. Sie werden wahrscheinlich sehr froh darüber sein. Wöchentliche Therapiesitzungen haben mir geholfen, bestimmte Themen aus meiner Kindheit zu verstehen, die ich als Erwachsener noch mit mir herumtrug. Sie halfen mir, mir meiner vielen zuvor unbewussten Muster und meiner Selbstsabotage bewusst zu werden. Ihre RE ist wahrscheinlich eine Manifestation von ungelösten Kindheitsproblemen. Zum Beispiel entsprang meine RE wahrscheinlich einem tiefen Schamgefühl, das ich unbewusst als Standardeinstellung für mein Selbstbild in meiner Jugend eingeführt hatte. Ich hatte auch ein ungelöstes Trauma als Folge der willkürlichen Gewalt, die mir vor vielen Jahren zugefügt wurde. All das war unbewusst und versteckte sich unter der Oberfläche, manifestierte sich als negative, schmerzhafte Energieausbrüche und sabotierte mein Erwachsenenleben. Indem ich tief in mein Unterbewusstsein vordrang und mich an diesen gewalttätigen Vorfall erinnerte, konnte ich verstehen, warum ich mich nachts in der Öffentlichkeit nie sicher fühlte, selbst all die Jahre später nicht. Es machte mir auch klar, warum ich mich als Erwachsener so schwach und klein fühlte. Ich hätte diese ungelösten Probleme wahrscheinlich nie an die Oberfläche gebracht, wenn ich mich nicht für eine gewisse Zeit auf wöchentliche Therapiesitzungen mit einem wunderbaren Therapeuten festgelegt hätte. Wenn man diese verborgenen Probleme entdeckt, muss man sie an der Wurzel herausziehen. Ihr Therapeut wird Ihnen nützliche Praktiken zeigen, um ungelöste Probleme an der Wurzel zu packen. Kombinieren Sie diesen Ansatz mit einer täglichen

Meditationspraxis und einem guten spirituellen Lehrer, um ein Dreifach-Unterstützungsteam zu schaffen, das bereit ist, Ihre RE aufzulösen und ein glücklicheres, kraftvolleres Sie zu schaffen.

Kapitel 9: Wenn andere Ihre Eifersucht nicht verstehen

Zum Zeitpunkt der Abfassung dieses Buchs schien die RE ein etwas übersehenes und wenig beachtetes Problem zu sein. Es gibt jedoch einige fantastische Quellen, die man für die Genesung nutzen kann. Während vieler Jahren, in denen ich von RE heimgesucht wurde, hat alles, was ich zu diesem Thema nachschlug, viele schmerzhafte Trigger ausgelöst und mir nicht geholfen. Letztendlich heilte die Online-Suche meine RE am Ende doch, so dass sich die Auslöser durchaus lohnten. Wenn Sie online nach Antworten suchen und oft getriggert werden, dann empfehle ich Ihnen weiterzumachen. Die Auslöser sind schmerzhaft, aber sie werden Sie nicht töten. Konzentrieren Sie sich auf Ihre bewusste Präsenz und lassen Sie die Auslöser zu. Wie am Anfang dieses Buchs erwähnt, nutzen Sie die Auslöser zu Ihrem Vorteil. Es sind Herausforderungen, die auf Sie zugeschnitten sind und Ihnen sagen, dass Sie wachsen sollen.

Ihre RE mag Ihnen gegenüber völlig vernünftig und verständlich erscheinen, aber erwarten Sie nicht, dass Ihre Freunde, Familie oder Bekannten sie verstehen. Das werden sie wahrscheinlich nicht. Sie werden wenig hilfreiche Rückmeldungen geben, wie z. B.: "Nun, jeder hat etwas mit jemandem gemacht" oder "Warum sollten Sie überhaupt über die Vergangenheit Ihrer Freundin/Ihres Freundes nachdenken?" Dies wird vielleicht bestenfalls eine vorübergehende Erleichterung bringen. Aber machen Sie sich keine Sorgen. Andere brauchen sie nicht zu verstehen. Das einzige, was zählt, ist Ihre persönliche Genesung und das kann nur von innen heraus geschehen. Kein noch so guter Rat von jemandem, der ihren Zustand nicht versteht, wird Ihre Transformation herbeiführen. Nur die Befolgung der Ratschläge und das Ergreifen der in diesem Buch und anderen guten Quellen genannten Maßnahmen wird Ihre Verwandlung letztlich herbeiführen. Meine Freunde und meine Familie sahen mich alle an, als ob ich verrückt wäre, wenn ich ihnen gegenüber erwähnte, dass ich über die Vergangenheit meiner Partnerin so verzweifelt war. Denken Sie daran: Wenn andere nicht selbst an einer RE gelitten haben, dann werden sie es nie ganz verstehen. Nehmen Sie einfach zur Kenntnis, dass andere mit den Informationen und Ressourcen, die ihnen zur Verfügung stehen, ihr Bestes tun.

Sie werden sich wahrscheinlich gezwungen fühlen, regelmäßig mit Freunden oder mit ihrer Familie über RE zu sprechen. Das liegt an der obsessiv-zwanghaften Natur von RE. Sie wird versuchen, Ihre Aufmerksamkeit so oft wie möglich auf sich zu lenken. Versuchen Sie, diese listige RE-Falle nach Möglichkeit zu vermeiden. Ansonsten wird es oft mit mehr Auslösern und mehr geistiger Nahrung für Ihre RE enden, mit der sie sich ernähren kann. Der Trick zum Erfolg liegt darin, den Gedanken an die RE keine Beachtung zu geben sobald sie auftauchen. Dadurch verhungert die RE und ihre Kraft schrumpft. Als ich unter RE litt, hatte ich oft das Gefühl, als ob ein Dämon Tag und Nacht in meinem Kopf nach Aufmerksamkeit schrie. Als ich mit meiner Auslöser- und Präsenzarbeit voranschritt, schrumpfte der Dämon zunehmend, da er keine Nahrung hatte, von der er sich ernähren und wachsen konnte. Ich servierte keine köstlichen All-you-can-eat-Gerichte mit gekochtem Trigger oder mit Eifersucht garnierte aufdringliche Gedanken auf einem Silbertablett mehr. Schließlich schrumpfte der Dämon so sehr, dass er zu einem Untertan wurde, der versucht, mir auf den Zeh zu treten, um Aufmerksamkeit zu erregen. Die Genesung von RE brachte mir ein spirituelles Erwachen, verbesserte meine mentale und körperliche Stärke, führte mich zu einer neuen Arbeitsmoral und einem liebevolleren und emotional intelligenteren Ich.

Sie dazu zu bringen, mit Ihren Liebsten über Ihre RE zu sprechen, ist einer der raffinierten Tricks, die sie oft anwendet, um mehr geistige Nahrung zu erhalten. Je mehr Sie über RE sprechen, desto mehr Macht geben Sie ihr. Wenn Sie des Schmerzes überdrüssig werden, werden Sie in vielen Bereichen Erleichterung suchen müssen. Versuchen Sie, stark zu sein und vermeiden Sie es so weit wie möglich, über RE außerhalb der Therapiesitzungen oder über andere ehemalige RE-Betroffene zu sprechen. Das heißt aber nicht, dass Sie während einer schmerzhaften Zeit nicht bei Ihren Nahestehenden Trost suchen sollten. Aber Sie müssen sich einfach der listigen Tricks und Fallen von RE bewusst bleiben, damit Sie sie nicht füttern. Vielleicht fangen Sie sogar an zu lachen, wie albern ihre Bemühungen werden, wenn Sie sich darin üben, sich der Methoden von RE bewusst zu werden. Vielleicht sind Sie sogar vom Intellekt der RE beeindruckt. Denken Sie einfach daran, dass dieser Intellekt Sie sind. Sie können ihn nicht austricksen, denn er sind Sie. Aber wenn Ihre RE so listig und schlau ist, dann sind Sie es auch, denn es ist in Wirklichkeit Ihre eigene Geistestätigkeit. Stellen Sie sich eine Welt vor, in der dieser listige Intellekt konstruktiv eingesetzt werden kann! Nehmen Sie sich ein paar Augenblicke Zeit und denken Sie daran, was Sie erreichen könnten, wenn Sie das Genie, die Energie und Unerbittlichkeit der RE in ein neues positives, kreatives Ventil verwandeln. Es wird eine unaufhaltsame Kraft für das Gute sein, wenn diese schmerzhafte Energie in lebensbejahende Kraft umgewandelt wird. Ich glaube, dass der wahre Zweck von RE das Bestreben des Universums ist, Sie zu Entwicklung und Wachstum zu zwingen. Wenn man es so betrachtet, wird Ihre RE zu einem Geschenk des Himmels, das in Geschenkpapier verpackt ist.

Kurz gesagt: Machen Sie sich keine Sorgen darüber, ob Ihre Geliebten, Partner oder Freunde RE verstehen. Das brauchen sie auch nicht. Die Antwort für das Heilmittel liegt tief in Ihnen. Sie haben das Potenzial, Ihre heilende Lebenskraft freizusetzen und auf eine dauerhafte, positive Veränderung hinzuarbeiten.

Kapitel 10: Räumung der Trümmer

Sich entschuldigen

Ein wichtiger Teil Ihrer Reise nach der Überwindung Ihrer RE ist es, sich selbst den Schaden zu verzeihen, den Sie möglicherweise verursacht haben, ebenso wie die Handlungen, die Sie jetzt wahrscheinlich bereuen. Das bedeutet nicht, dass Sie nicht die volle Verantwortung für Ihre vergangenen Handlungen übernehmen. Es bedeutet, dass Sie zur Veränderung bereit sind und Ihre destruktiven Muster beseitigt haben. Sie hätten nur so handeln können, wie es Ihr Bewusstsein zulässt, und zu diesem Zeitpunkt befand sich Ihr Bewusstsein in einem getriggerten, tranceähnlichen Zustand. Ihr Leiden an RE war/ist nicht Ihre Schuld, aber es liegt in Ihrer Verantwortung, jegliches Fehlverhalten Ihrerseits zu korrigieren. Sie müssen sich selbst verzeihen. Sie müssen sich auch bei Ihrem Partner und bei anderen, die von Ihren schmerzhaften Ausbrüchen betroffen waren, für unsensible Dinge entschuldigen, die Sie gesagt oder getan haben. Achten Sie aber darauf, sich erst dann zu entschuldigen, wenn Sie an einem Punkt sind, an dem Sie nicht mehr getriggert werden. Denn Sie könnten übermäßigen oder unnötigen Aufruhr verursachen, wenn Sie noch nicht bereit sind und Ihre Entschuldigungsversuche durch weitere Auslöser vereitelt werden. Wir müssen innerlich hart daran arbeiten, die Auslöser zuerst zu beseitigen, bevor wir uns auf die Reise der Vergebung begeben. Vielleicht spüren Sie ein neues Gefühl positiver Energie, sobald Sie sich bei denen entschuldigt haben, die Sie verletzt haben. Das liegt an der emotionalen

Nähe, die Sie und die Betroffenen gewinnen werden und wird Ihnen die zusätzliche Energie verschaffen, neu anzufangen und ein neues Kapitel aufzuschlagen. Die Vergebung durch diejenigen, die Sie verletzt haben, ist ein mächtiges transformatives Geschenk, das Sie in Ihrem eigenen Heilungsprozess voll nutzen können. Später im Leben werden Sie froh sein, dass Sie sich die Zeit genommen haben, diese Freundschaften/Beziehungen zu reparieren und diejenigen, bei denen Sie sich entschuldigt haben, werden Ihnen oft auch dankbar sein. Niemand mag es, wenn sich ungelöste toxische Energie irgendwo in der Nähe seiner Aura oder Psyche befindet, sei es bewusst oder unbewusst.

Diejenigen, die keine Entschuldigung annehmen

Es mag bestimmte Freunde oder Partner von Familienmitgliedern geben, die Ihre Entschuldigung nicht akzeptieren, je nachdem, wie extrem Ihr spezieller Kampf mit RE war, wie intensiv Ihre Ausbrüche waren oder wie giftig Ihre Wortwahl war. Das ist ihre Wahl und Sie müssen ihre Entscheidung und ihre persönliche Heilungszeit respektieren. Aber machen Sie sich keine Sorgen. Die Zeit kann alle Wunden heilen und schließlich wird die andere Person Ihre Verwandlung mit eigenen Augen sehen, wenn Sie eine solche Gelegenheit zulassen. Sobald Sie das Lenkrad loslassen und erkennen, dass Sie die Meinung anderer über Sie nicht ändern können, werden Sie viel Raum lassen, um der unversöhnlichen Person Zeit zu geben, ohne zu versuchen, ihr Urteil über Sie zu kontrollieren oder zu manipulieren. Das bedeutet nicht, dass Sie sich entschuldigen und verschwinden müssen. Es bedeutet nur, ihnen viel Zeit und Raum zu geben, ohne zu versuchen, ihre Gefühle über Sie zu kontrollieren, nachdem Sie sich zunächst entschuldigt haben. Schauen Sie regelmäßig bei ihnen vorbei, solange dies nicht ausdrücklich unerwünscht ist. Im Laufe der Zeit werden

Sie vielleicht feststellen, dass ihre Bemühungen, Sie auszuschließen und einen Groll zu hegen, lästiger sind als Ihnen tatsächlich eine weitere Chance zu geben. Das kann dazu führen, dass sie Sie allmählich akzeptieren und Sie wieder in ihr Leben zurückkehren lassen. Wenn sie allerdings nachdrücklich betonen, dass sie Sie nicht wiedersehen wollen und der verursachte Schaden einfach zu groß ist, dann müssen Sie ihre Entscheidung voll und ganz akzeptieren, sie als eine Lebenslektion betrachten und einsehen, dass Sie Ihre RE voll und ganz und dauerhaft besiegen müssen, damit Sie in Ihrem Leben nicht noch mehr wichtige Menschen durch ungelöste Dämonen verlieren. Loszulassen kann quälend sein, besonders wenn man weiß, dass man ein Unrecht nicht wiedergutmachen kann, für das eine ältere Version von einem selbst verantwortlich ist. Sie müssen diesen Schmerz jedoch als Feuer nutzen, um die Entwicklung der größten zukünftigen Version von Ihnen selbst anzuheizen. Sie können heute zu dieser Version werden, indem Sie sich zur Wehr setzen und die richtige Entscheidung treffen, und zwar genau jetzt. Sie müssen sich auch selbst vergeben. Die wichtigste Beziehung, die Sie jemals haben werden, ist die Beziehung zu Ihnen selbst. Sie sind die einzige Person, die Sie im Laufe Ihres Lebens nicht verlieren werden. Lassen Sie uns dafür sorgen, dass Sie für möglichst viele Ihrer Tage in einem Zustand des Friedens und der Vergebung sind.

Kapitel 11: Ein Leben nach der reaktiven Eifersucht

Herzlichen Glückwunsch! Wenn Sie es bis hierher geschafft haben, dann haben Sie wahrscheinlich viele hilfreiche Informationen und Praktiken aufgenommen und sind auf dem besten Weg, Ihre RE endgültig zu vergessen. Wenn Sie nicht das Gefühl haben, dass Sie sich allmählich von Ihrer RE befreien, dann verzweifeln Sie nicht, denn Sie werden wahrscheinlich Abschnitte dieses Buches noch einmal durchlesen müssen, während Sie die für den Erfolg notwendigen Maßnahmen umsetzen. Es ist unbedingt erforderlich, dass Sie die im Buch erwähnten Übungen und Praktiken in die Tat umsetzen, da Ihr Fortschritt sonst möglicherweise nicht den Auftrieb erhält, den er braucht, um Ihre Genesung zu beschleunigen. Die Affirmationen werden Ihnen präsentiert, um Ihr Unterbewusstsein neu zu programmieren. Dies wird eines der transformativsten Werkzeuge sein, um die Art und Weise, wie Sie sich selbst betrachten, zu verändern. Die Programmierung des Unterbewusstseins hat das Potenzial, jeden Bereich Ihres Lebens zu verbessern. Es ist auch äußerst wichtig, dass Sie lernen, mit Auslösern umzugehen. Sie müssen fokussiert und präsent bleiben, wenn Sie von einem Auslöser betroffen sind und dürfen sich nicht emotional mit ihm verbinden. Lassen Sie die Auslöser auf der flüchtigen, schwirrenden Autobahn, die Ihr Gedankengang ist, verblassen.

Sie werden wahrscheinlich Tage haben, an denen Sie sich von Ihrer RE und den sie begleitenden Auslösern überwältigt fühlen. Es kann sein, dass Sie das Gefühl haben, keine Fortschritte gemacht zu haben und auf sich allein gestellt zu sein, weil Sie wieder getriggert werden. Verzweifeln Sie nicht, denn diese Tage sind Gelegenheiten, noch stärker zu werden und mit den Auslösern noch besser umzugehen. Denken Sie daran: Wenn Sie sie nicht fühlen können, können Sie sie auch nicht heilen. Seien Sie dankbar für diese Art von Tagen, da sie die verbleibende RE aus Ihrem Wesen herausholen. Gehen Sie mit Kraft durch diese Tage, als ob Sie sich vollständig von den Überresten Ihrer RE reinigen würden. Sie können Ihr Leben lang von Zeit zu Zeit getriggert werden, aber erinnern Sie sich einfach daran, was ich am Anfang dieses Buches erwähnt habe: Ich bin zu 100 % triggerfrei und leide nicht mehr an RE. Es gibt keine Überreste mehr, ich könnte (und war es auch) im gleichen Raum wie der Ex meiner Partnerin sein und würde absolut keine Spur von RE fühlen. Ich glaube, mit der Zeit und mit viel Arbeit wird dies auch für Sie und alle an RE-Leidenden möglich sein.

Das Universum stellt Sie auf die Probe

Es kann sein, dass Sie mit neuen Situationen konfrontiert werden, die Sie und Ihre neuen Bewältigungsfähigkeiten an nie zuvor erreichte Grenzen heranführen. Wenn Sie stärker werden, werden die Herausforderungen, die das Universum Ihnen bieten wird, möglicherweise noch schwieriger werden, bevor Sie Ihre RE vollständig umgewandelt haben. Dies ist die Art und Weise des Universums, Ihnen zu sagen, dass es noch viel zu tun gibt! Ich werde es an einem Beispiel erklären, das mir das Universum vorgelegt hat.

Mitten in meiner RE litt ich unbarmherzig und hängte diese Verletzung dann meiner Partnerin an, wobei ich geschickt versuchte, Informationen über ihre Vergangenheit aus ihr herauszuholen. Jedes Mal, wenn sie auch nur einen männlichen Freund erwähnte, verhörte ich sie sofort und versuchte herauszufinden, ob zwischen ihnen etwas passiert war. Ich fand heraus, dass sie mit einem bestimmten Freund ein intimes Verhältnis hatte. Der Schmerz war unerträglich. Da das Unterbewusstsein den Unterschied zwischen einem Gedanken und einer realen Situation nicht erkennen kann, hatte ich das Gefühl, dass ich in Echtzeit betrogen wurde, was aber natürlich nicht der Fall war. Die Tage vergingen, ich begann eine neue berufliche Laufbahn und reiste durch das Land. Als ich mit einem Kollegen über die Mitglieder für die Reise diskutierte, entdeckte ich, dass ich mit niemand anderem als dem Ex-Geliebten meiner oben erwähnten Partnerin mit dem Bus durch das Land reisen würde. "Wie standen die Chancen dafür?" sagte ich jämmerlich zu mir selbst. Von all den Jungs in der ganzen Stadt landete ich beim Ex meiner Partnerin und das war die Art und Weise des Universums, wie es mir sagte, dass ich noch viel Arbeit zu erledigen hatte. Dies war mein schlimmster Albtraum, der wahr wurde: Ich teilte mir den Bus mit jemandem, mit dem meine Partnerin in der Vergangenheit intim gewesen war. Sein Name war Tim. Die Tatsache, dass ich mit Tim für längere Zeit in enger Zusammenarbeit sein würde, beendete beinahe auf der Stelle meine Beziehung zu meiner Partnerin. Ich gab die Informationen über die Reise und ihre Teilnehmer in passiv-aggressiver Weise an meine Partnerin weiter und sie war von Angst überwältigt. Sie wusste, was sie erwartete. Nach einigen Tagen der Reise hatte ich es geschafft, meinen Drang zu unterdrücken, meinem neuen Kollegen listige Fragen zu stellen, die mich mit reichlich Nahrung für RE direkt von der Quelle versorgen würden. Ich war überrascht und stolz auf mich, obwohl der wahre Zweck der Unterdrückung meines Dranges darin bestand, mich nicht in Verlegenheit zu bringen und mich meinen Kollegen gegenüber als unsicher darzustellen. Als ich Tim dann näher kennenlernte, wurde mir klar, dass er nicht dieser Macho, der raue und zähe, mächtige, überlegene Mann war, den ich mir in meiner Vorstellung ausgemalt hatte. Ich sah auf einer persönlichen Basis, dass er einfach nur ein Mensch war, mit denselben Ängsten, Unsicherheiten und Abhängigkeiten, die wir alle in der einen oder anderen Phase zu haben scheinen. Ich machte die greifbare Erfahrung, dass meine Vorstellungskraft und die Gedanken von RE nicht auf der Realität basierten. Die Bilder, die mir mein Verstand schilderte, waren Erscheinungen meiner eigenen Unsicherheit, sie entsprangen nicht der Wahrheit. Wenn meine Bilder von RE in diesem Fall so weit weg von der Realität waren, wie falsch waren dann meine Annahmen über die anderen Ex-Partner und intimen Begegnungen meiner Partnerin?

Ich begann, die Falschheit der Bilder von RE sowie die Spiele meines eigenen Verstandes zu durchschauen. Es gab eine eklatante Diskrepanz der Erscheinungen von RE, die durch Logik und im wirklichen Leben gesammelte Informationen offensichtlich wurde. Diese Selbsterkenntnis trug wesentlich zu meiner Transformation von RE bei. Tim war respektvoll, freundlich und sympathisch. Er war ruhig, selbst relativ unsicher (ein Gedanke, der mir nie in meinem von RE infizierten Sinn gekommen war) und hilfsbereit bei der Arbeit. Er war ein begeisterter Fitnessanhänger, was meine RE anfangs zu heißen Temperaturen entzündete und mich in Panik versetzte. Ich war kein Fitnessanhänger und mein Körper war in keiner besonders beeindruckenden Verfassung. Ich hatte einen Vergleichspunkt gefunden, an dem sich meine RE festmachen konnte. Anstatt hoffnungslos in Verzweiflung zu versinken, beschloss ich, Tim in ein Fitnessstudio zu begleiten. Er zeigte mir seine Trainingsroutine, wie lange er in der Kardiologie verbrachte, welche Gewichtsübungen er machte und so weiter. Ich begann, diese Trainings in mein tägliches Leben zu integrieren und fühlte ein neues Gefühl der Freude, das ich seit Jahren nicht mehr gespürt hatte. Das körperliche Training setzte Endorphine frei und veränderte meine Stimmung und Energie zum Besseren. Mit der Zeit wurden Tim und ich Freunde und ich selbst wurde ein begeisterter Sportler. Am Ende der Arbeitsreise hatte ich so viel über mich selbst entdeckt, über die Falschheit meine RE und über Mitgefühl und Empathie. Ich würde die Verflossenen meiner Partnerin nicht mehr als monströse Bedrohungen betrachten, sondern einfach als Menschen, die die gleichen grundlegenden Bedürfnisse und Wünsche haben wie wir alle. Das war massiv lebensverändernd. Von Tim hatte ich so viel über das Training gelernt, dass ich bis heute jeden Tag ins Fitnessstudio gehe. Diese Tatsache allein würde ich um nichts in der Welt ändern, denn körperliche Fitness ist heute ein wichtiger Teil meines Lebens. Ich war gezwungen, mehrere Wochen damit zu verbringen, mit Auslösern fertig zu werden, die direkt vor meinem Gesicht waren, was die ultimative Herausforderung war, aber ich kam unversehrt durch die andere Seite und meine Beziehung zu meiner Partnerin blieb intakt - mit nur einigen wenigen RE-Gedanken während dieser Entwicklung. Meine körperliche Fitness und mein geistiger Zustand stiegen dramatisch an. Bald nach der Reise wurde mir klar, dass es zu den unwahrscheinlichsten Dingen gehörte, dass ausgerechnet der Ex meiner Partnerin auf dieser Reise dabei war. Wenn ich das durchstehen kann, was ich anfangs als eine Albtraumsituation empfand, dann kann ich alles durchstehen, womit mich die RE noch konfrontieren könnte. Ich danke dem Universum dafür, dass es mich in diese Situation gebracht hat. Wenn Sie sich in einer ähnlichen Situation befinden, in der Ihre Fähigkeiten zur Bewältigung von RE bis zum Äußersten auf die Probe gestellt werden, dann lächeln Sie einfach und bedanken sich beim Universum. Danke, dass ich genau das bekomme, was ich brauche, wann ich es brauche, egal wie schmerzhaft es ist. Und danke, dass mir gezeigt wurde, dass es noch mehr zu tun gibt! Sagen Sie Ja zum Universum. Sagen Sie Ja zum intelligenten Fluss des Lebens, den wir nicht einmal ansatzweise begreifen können. Ja zum intelligenten Lebensfluss des Universums zu sagen ist eine Ihrer größten Ressourcen. Es liegt alles in Ihrem Inneren.

Schlusswort

Ich hoffe aufrichtig, dass Sie als Leser und Leserin von diesem Buch positiv inspiriert werden, um Ihre Arbeit mit RE zu vollenden und Ihren Schmerz in Macht umzuwandeln. Diese Umwandlung wird eine wunderbare Veränderung in jedem Bereich Ihres Lebens bewirken. Sie werden Zugang zu so vielen weiteren Lebensmöglichkeiten haben, die Ihnen bisher aufgrund Ihres emotionalen Zustands verwehrt waren. Denken Sie daran: Ganz egal, wie schwer es Ihnen auch erscheinen mag, wie sehr Sie in einer Grube der Verzweiflung versinken, wie unmöglich es auch klingen mag, Ihren Schmerz zu heilen, ich habe dieses Buch für Sie als ehemaliger Leidender von RE geschrieben, der zu 100 % geheilt ist. Dasselbe ist für Sie möglich. Der Schlüssel zu Ihrem Fortschritt und Ihrer Heilung liegt in Ihren Händen. Ergreifen Sie die volle Verantwortung und übernehmen Sie die Kontrolle! Vergeuden Sie nicht noch mehr Zeit Ihres Lebens, das auf die albtraumhaften Symptome Ihrer Unsicherheit beschränkt ist. Es ist Zeit, zu gedeihen und Ihr Leben zu leben! Genießen Sie jeden Tag, genießen Sie jede Sekunde. Seien Sie jetzt hier und atmen Sie die Schönheit ein, die überall um Sie herum ist. Sie sind eine mächtige Quelle des Guten. Ich glaube an Sie. Jetzt müssen Sie an sich selbst glauben. Viel Glück!

Verweise

Bradshaw, J., & Schröder, B. (2006). Wenn Scham krank macht: Verstehen und Überwinden von Schamgefühlen. München: Knaur.

Tolle, E. (2017). Jetzt! die Kraft der Gegenwart. Bielefeld: Kamphausen.

Tolle, E., & Ifang, E. (2009). Eine neue Erde: Bewusstseinssprung anstelle von Selbstzerstörung. Erscheinungsort nicht ermittelbar: PeP eBooks.

Byrne, R., Panster, A., & Byrne, R. (2014). The Secret - das Praxisbuch für jeden Tag. München: Arkana.

Tolle, E. (2017). Jetzt! die Kraft der Gegenwart. Bielefeld: Kamphausen.

Bonus!

Wäre es nicht schön, noch mehr Motivation, Inspiration und Mut auf Ihrem Weg zur Freiheit von rückwirkender Eifersucht zu haben? Als aufrichtiges "Dankeschön" aus tiefstem Herzen habe ich Ihnen unten Zugang zu einer KOSTENLOSEN kraftvollen zehnminütigen geführten Dankbarkeitsmeditation im MP3-Format gewährt. Dankbarkeit ist der Schlüssel zu all der Fülle und Freude Ihres Lebens und manifestiert einen Reichtum an Liebe und Licht. Die folgende Meditation hat mein Leben ungemein bereichert und wesentlich dazu beigetragen, mich von den Fesseln der rückwirkenden Eifersucht zu befreien. Ich weiß nur, dass sie das Gleiche für Sie tun wird.

Sind Sie der Auslöser und Schmerzen in Ihren Beziehungen überdrüssig und müde?

- Überwinden Sie negative Denkmuster ganz leicht mit der Macht der Dankbarkeit.
- Heilen Sie Ihr inneres Chaos und erfahren Sie Freiheit von rückwirkender Eifersucht.
- Bereichern Sie Ihre Beziehung, damit Sie das Leben wieder genießen können.

Klicken Sie hier für Ihre KOSTENLOSE zehnminütige geführte Meditation

bit.ly/retroactivejealousymp3

Diese Meditation hat mir ungemein geholfen, als ich das Gefühl hatte, dass die rückwirkende Eifersucht aus dem Ruder lief und mich völlig vereinnahmte. Das Ausruhen in

Dankbarkeit für die Schönheit, die ich bereits in meinem Leben hatte, klärte den Schmerz und schuf noch mehr von den gleichen wunderbaren Dingen. Ich weiß, dass diese Worte helfen werden, Sie mit Mut und Entschlossenheit in Ihre Freiheit und Ihr Schicksal zu führen!

Bitte hinterlassen Sie eine Rezension

Ich danke Ihnen von ganzem Herzen für die Lektüre meines Buchs. Ich hoffe aufrichtig, dass es Ihnen hilft, sich von rückwirkender Eifersucht zu heilen und ein erfüllteres und glücklicheres Leben zu führen. Wenn es Ihnen wirklich hilft, dann möchte ich Sie um einen Gefallen bitten. Wären Sie so freundlich, eine Rezension für dieses Buch bei Amazon zu hinterlassen? Es wäre sehr willkommen und wird wahrscheinlich das Leben anderer Betroffener von rückwirkender Eifersucht auf der ganzen Welt beeinflussen und ihnen Hoffnung und Heilung geben.

Viele leiden wie Sie und ich und wir können ihnen helfen, dies gemeinsam zu überwinden.

Ich lese JEDE Rezension, die ich erhalte und jede einzelne hilft mir, ein sachkundigerer und mitfühlenderer Autor zu werden, um Ihnen besser dienen zu können.

Vielen Dank und viel Glück!

Ryder Winchester

www.ingramcontent.com/pod-product-compliance
Lightning Source LLC
Chambersburg PA
CBHW071912070526
44583CB00016B/1953